Buchstaben und Zahlen

Schreiben Lernen mit TIEREN

Dieses Buch gehört:

____

____

Affe

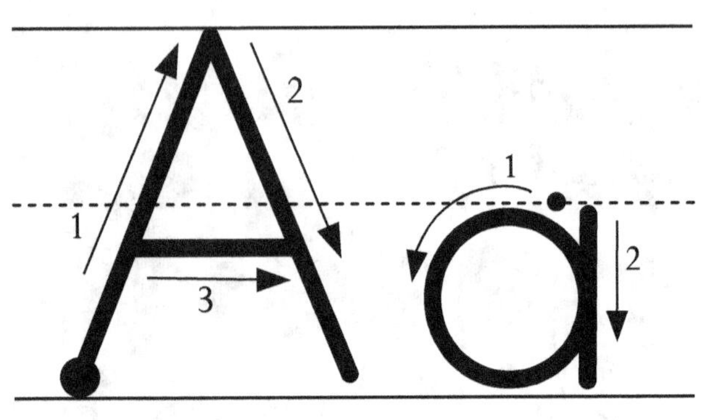

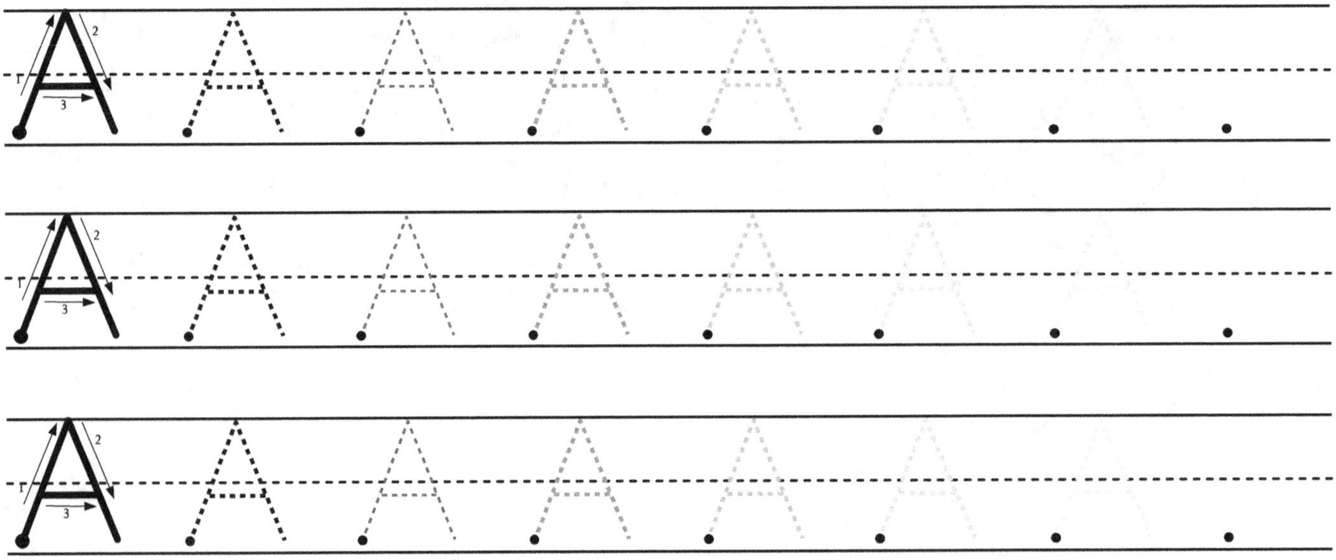

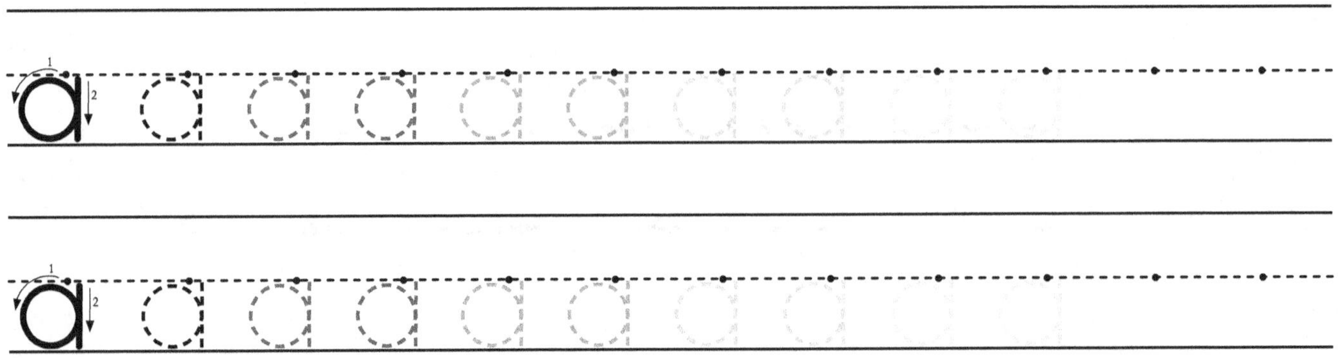

A

Aa Bb Cc Dd Ee Ff Gg Hh Ii Jj Kk Ll Mm Nn
Oo Pp Qq Rr Ss Tt Uu Vv Ww Xx Yy Zz

Aa **Bb** Cc Dd Ee Ff Gg Hh Ii Jj Kk Ll Mm Nn
Oo Pp Qq Rr Ss Tt Uu Vv Ww Xx Yy Zz

Bär

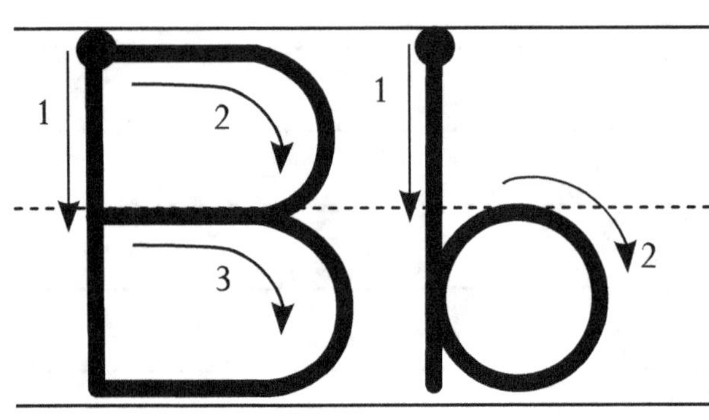

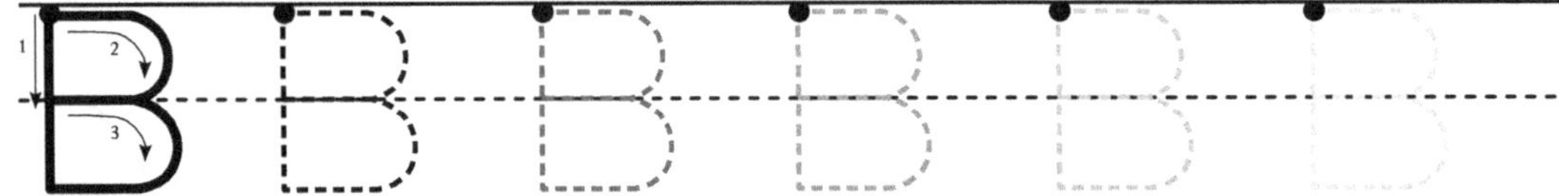

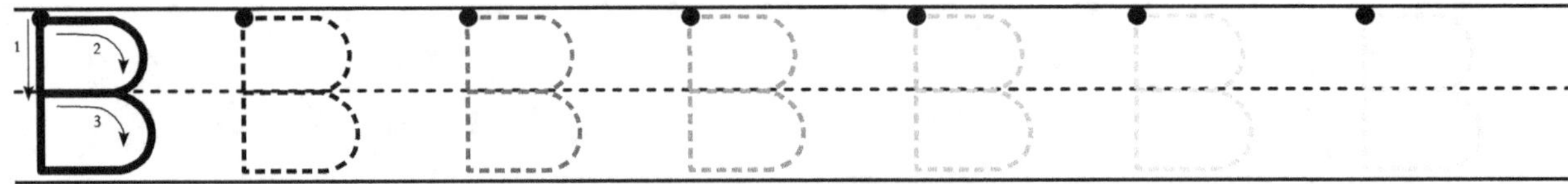

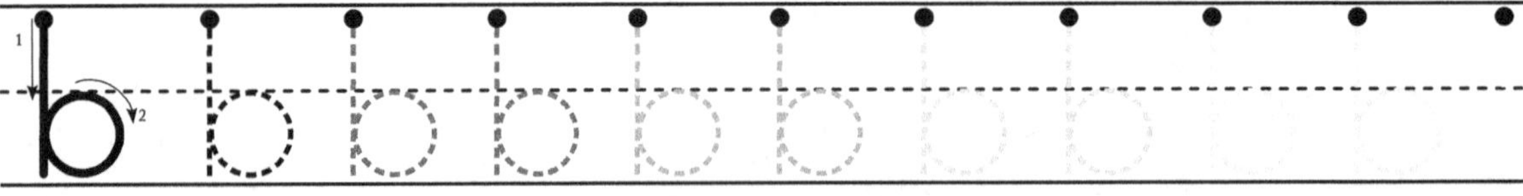

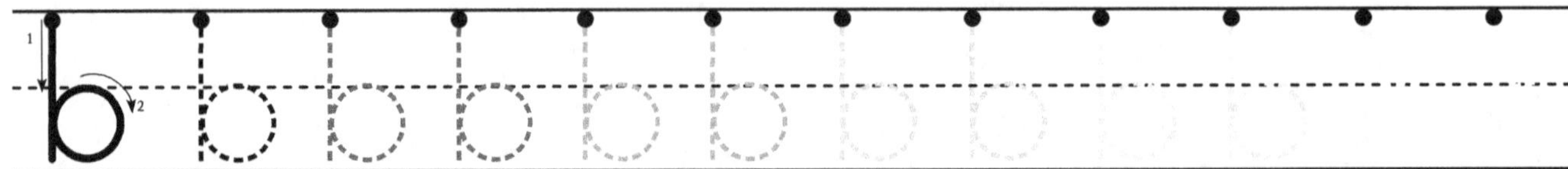

B

Aa **Bb** Cc Dd Ee Ff Gg Hh Ii Jj Kk Ll Mm Nn
Oo Pp Qq Rr Ss Tt Uu Vv Ww Xx Yy Zz

B

B

B

B

b

b

b

b

Aa Bb **Cc** Dd Ee Ff Gg Hh Ii Jj Kk Ll Mm Nn
Oo Pp Qq Rr Ss Tt Uu Vv Ww Xx Yy Zz

Chamäleon

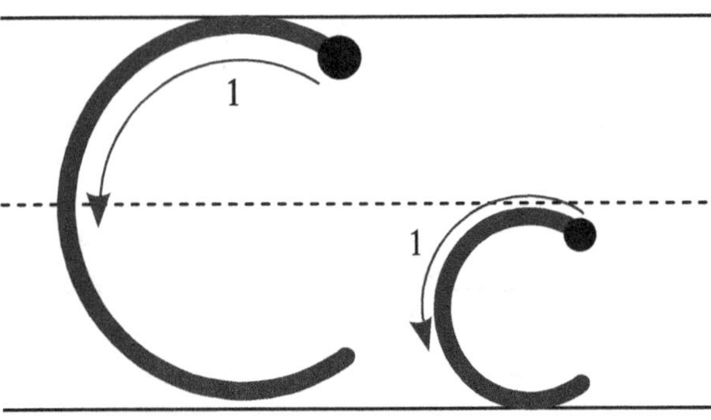

C

D

Delfin

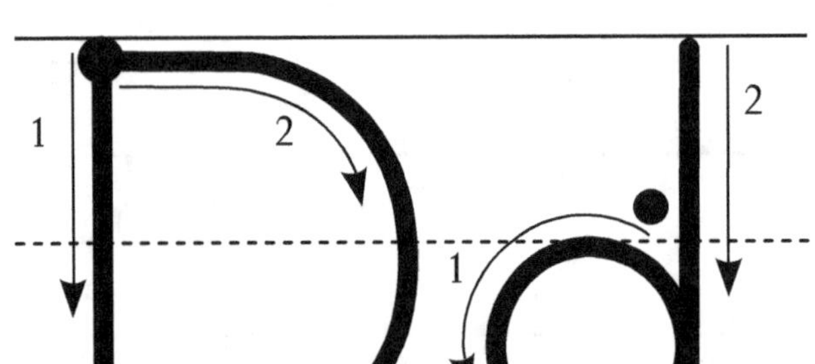

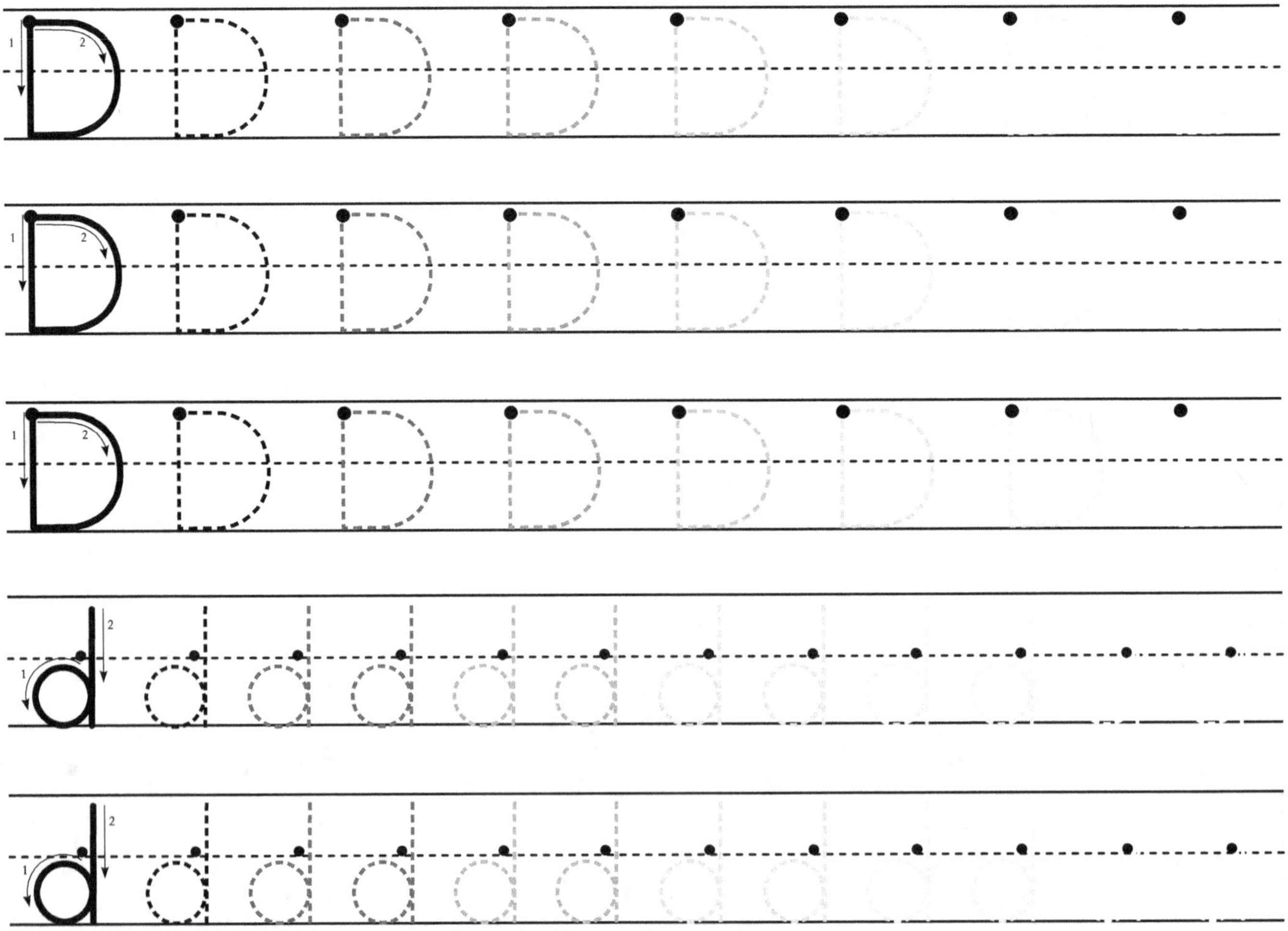

D

Aa Bb Cc **<u>Dd</u>** Ee Ff Gg Hh Ii Jj Kk Ll Mm Nn
Oo Pp Qq Rr Ss Tt Uu Vv Ww Xx Yy Zz

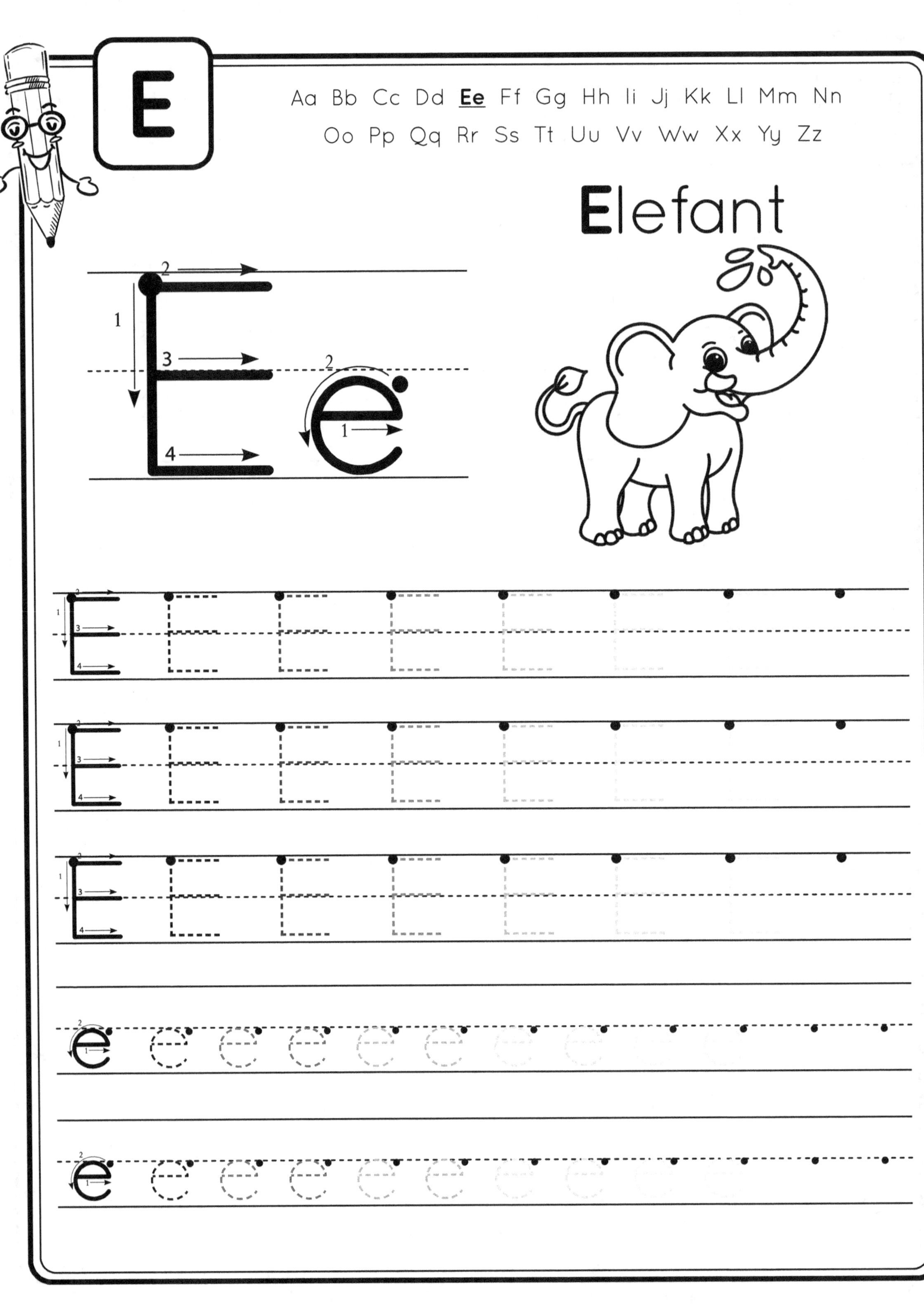

E

Aa Bb Cc Dd **Ee** Ff Gg Hh Ii Jj Kk Ll Mm Nn
Oo Pp Qq Rr Ss Tt Uu Vv Ww Xx Yy Zz

Elefant

Aa Bb Cc Dd **Ee** Ff Gg Hh Ii Jj Kk Ll Mm Nn
Oo Pp Qq Rr Ss Tt Uu Vv Ww Xx Yy Zz

F
Aa Bb Cc Dd Ee **Ff** Gg Hh Ii Jj Kk Ll Mm Nn
Oo Pp Qq Rr Ss Tt Uu Vv Ww Xx Yy Zz
Fuchs

F

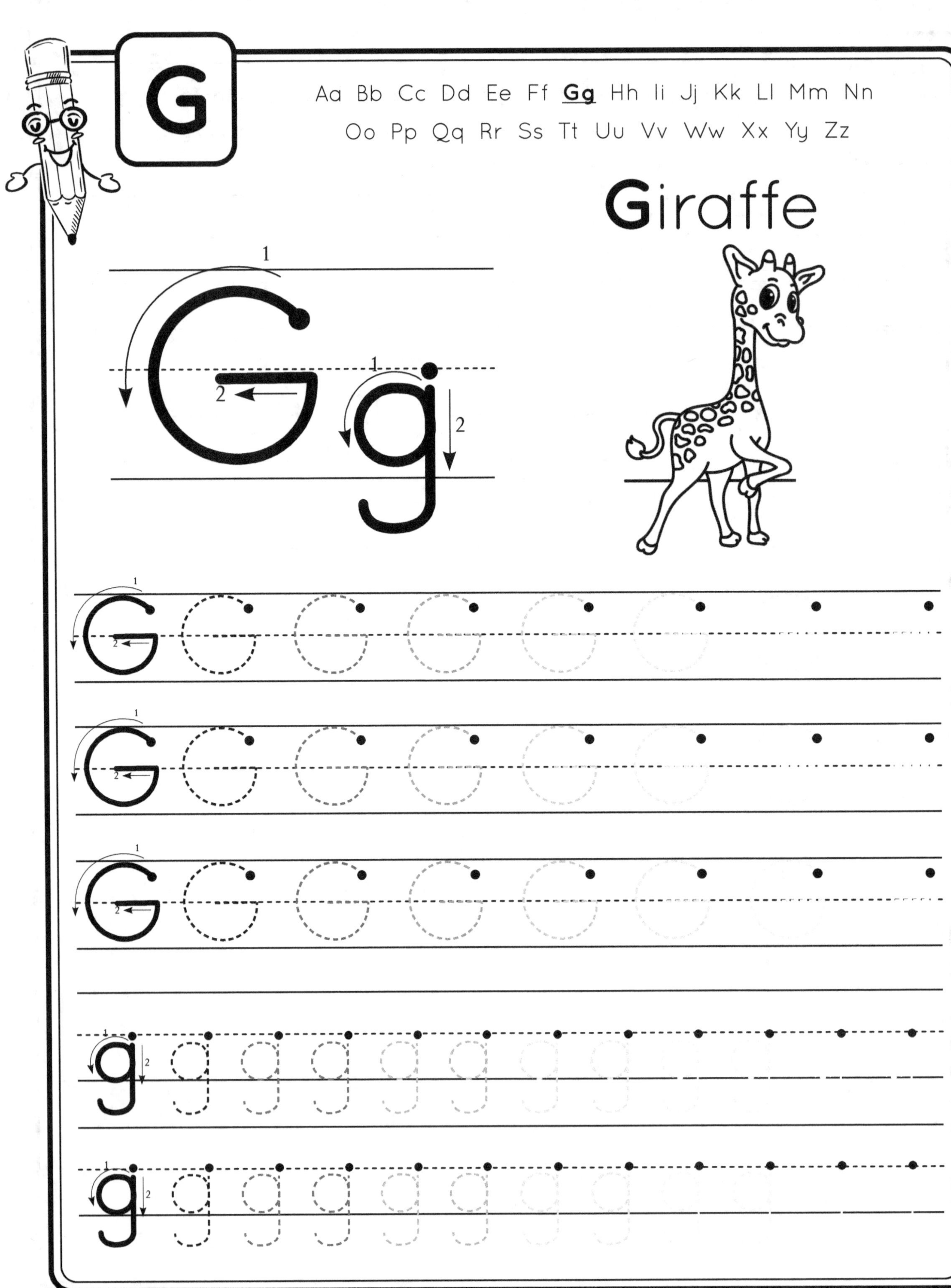

G
Aa Bb Cc Dd Ee Ff **Gg** Hh Ii Jj Kk Ll Mm Nn
Oo Pp Qq Rr Ss Tt Uu Vv Ww Xx Yy Zz
Giraffe

G
Aa Bb Cc Dd Ee Ff **Gg** Hh Ii Jj Kk Ll Mm Nn
Oo Pp Qq Rr Ss Tt Uu Vv Ww Xx Yy Zz

H
Aa Bb Cc Dd Ee Ff Gg **Hh** Ii Jj Kk Ll Mm Nn
Oo Pp Qq Rr Ss Tt Uu Vv Ww Xx Yy Zz
Hase

H

Igel

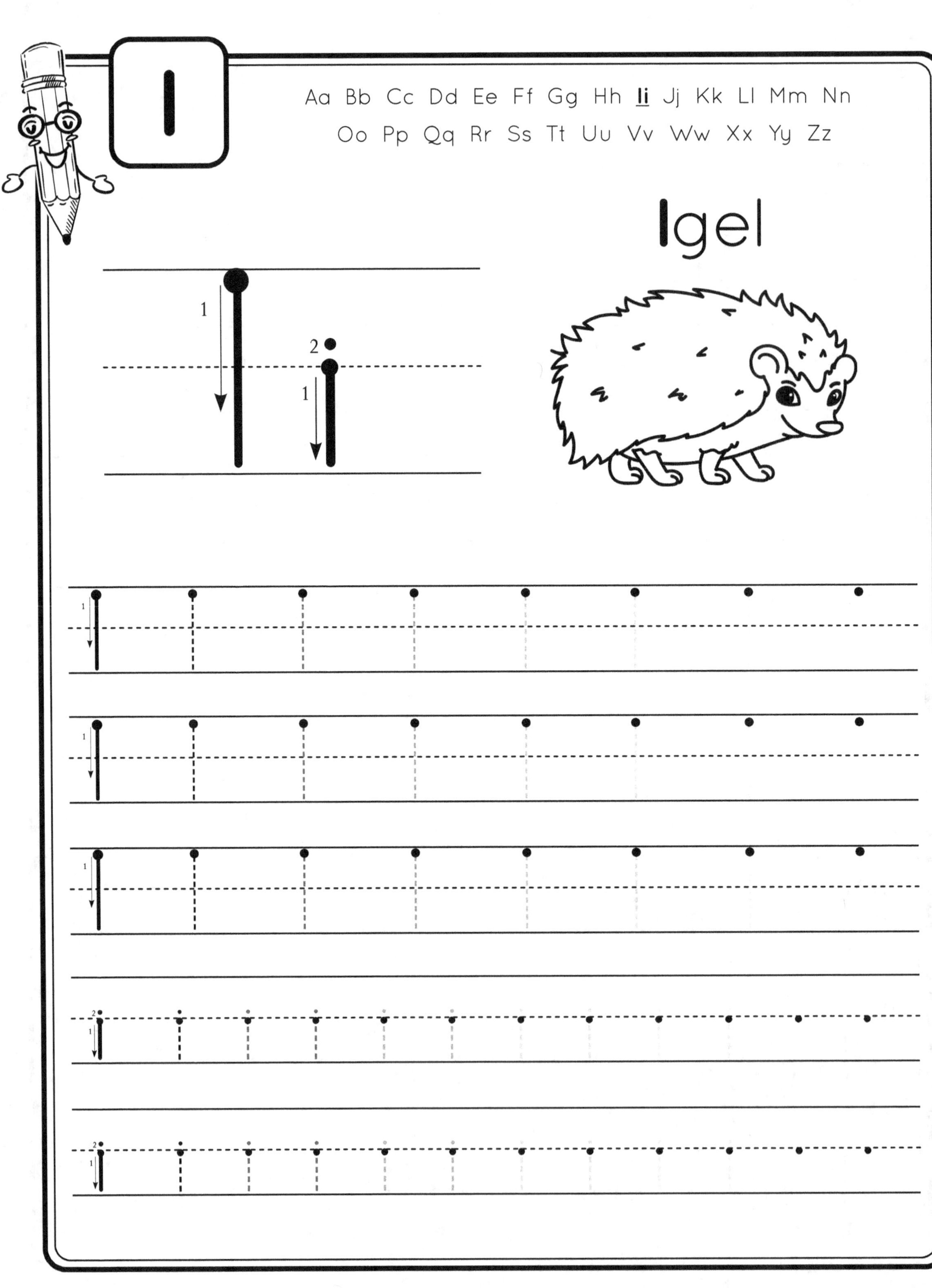

I

Aa Bb Cc Dd Ee Ff Gg Hh **Ii** Jj Kk Ll Mm Nn
Oo Pp Qq Rr Ss Tt Uu Vv Ww Xx Yy Zz

J

Jaguar

J

Aa Bb Cc Dd Ee Ff Gg Hh Ii Jj **Kk** Ll Mm Nn
Oo Pp Qq Rr Ss Tt Uu Vv Ww Xx Yy Zz

Katze

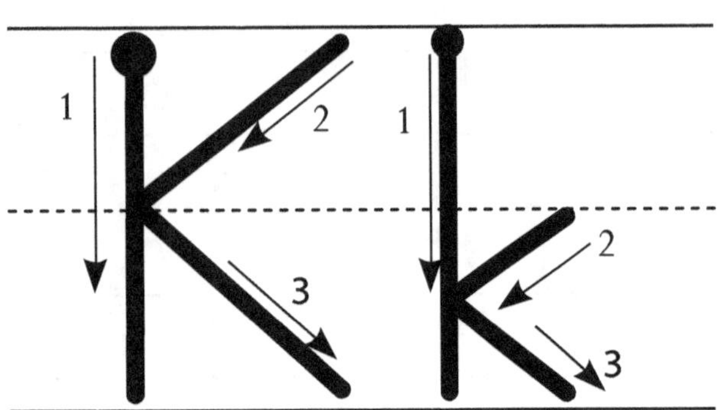

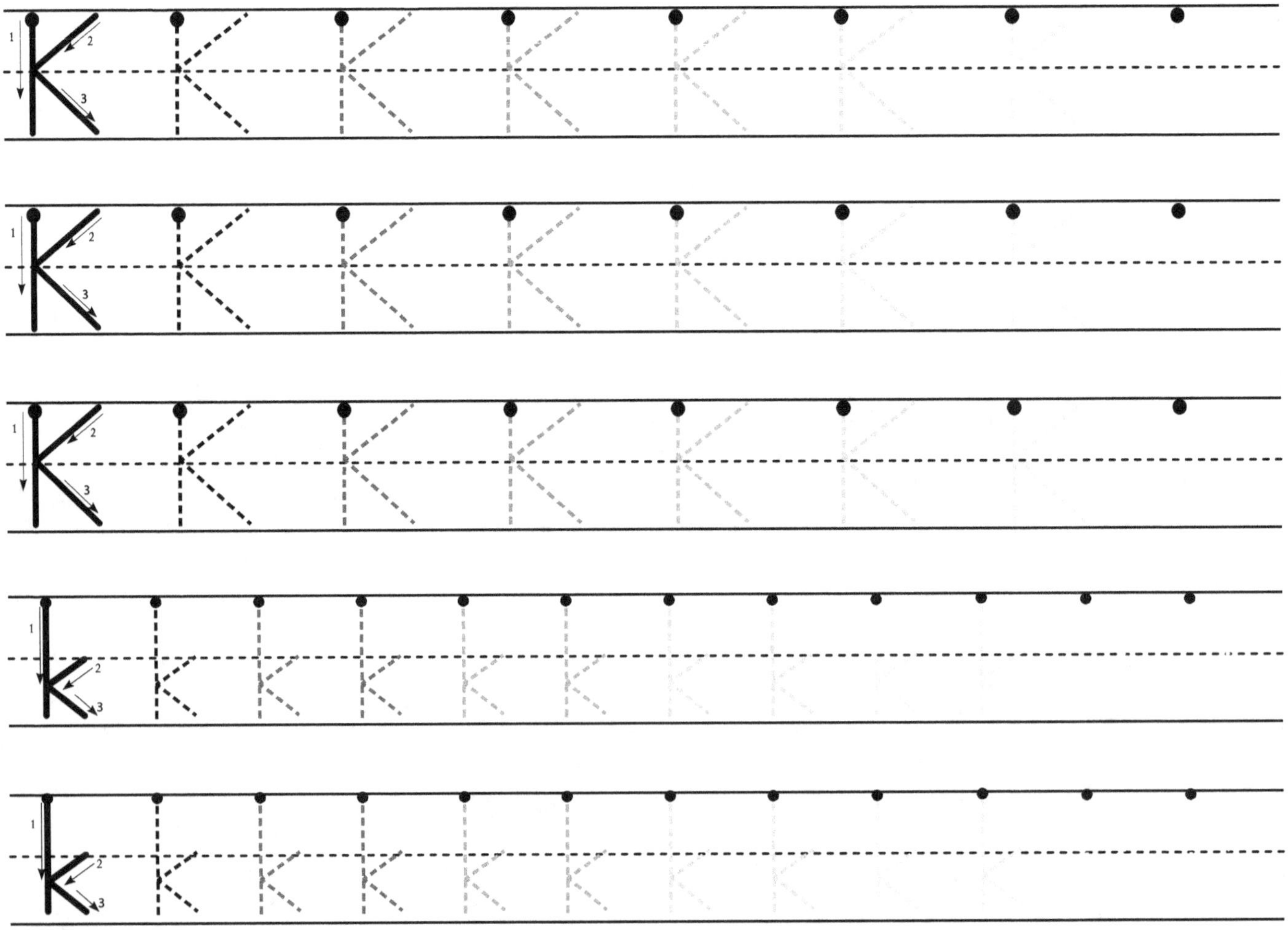

K

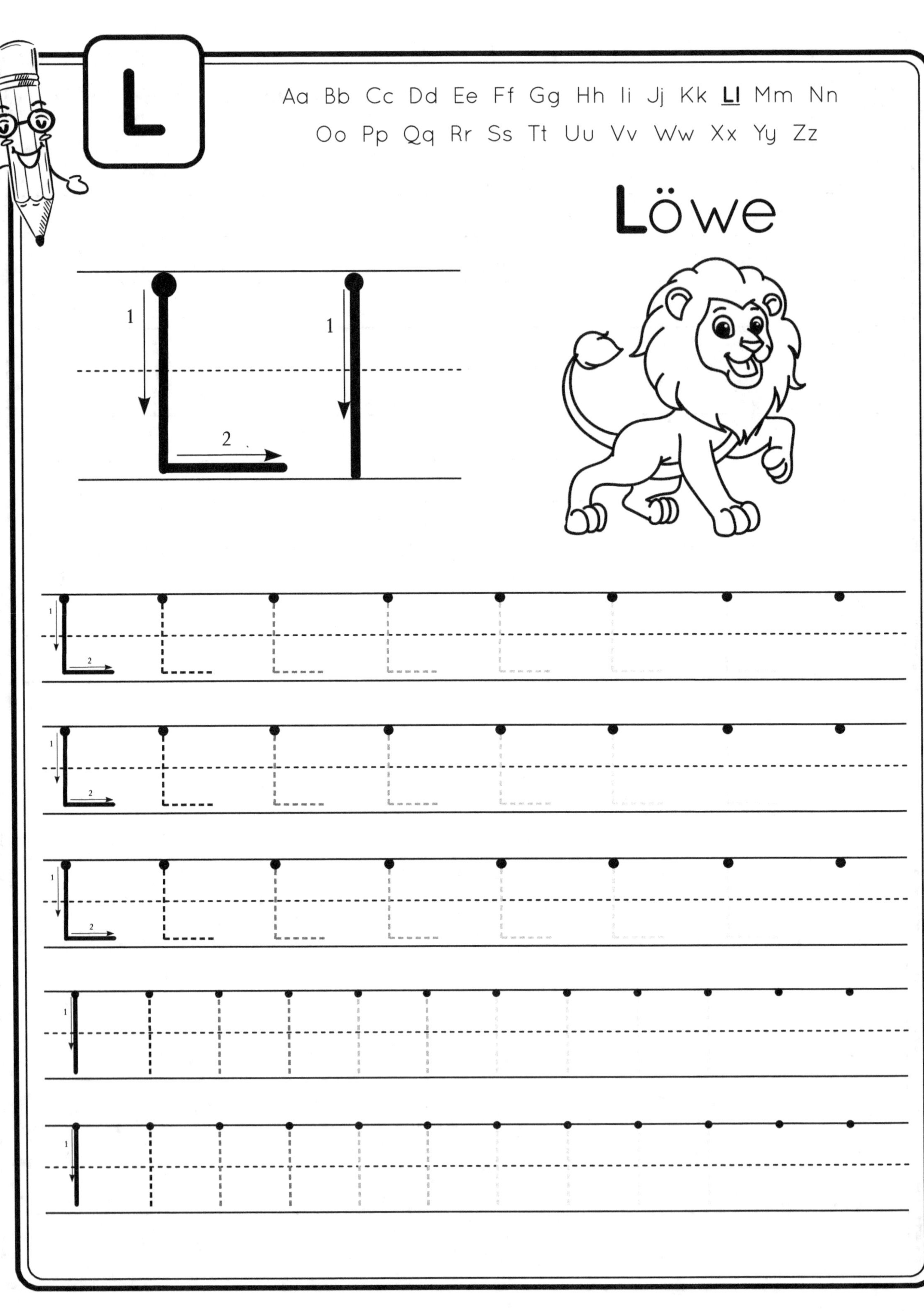
L
Aa Bb Cc Dd Ee Ff Gg Hh Ii Jj Kk Ll Mm Nn
Oo Pp Qq Rr Ss Tt Uu Vv Ww Xx Yy Zz
Löwe
1
1
2

L
Aa Bb Cc Dd Ee Ff Gg Hh Ii Jj Kk Ll Mm Nn
Oo Pp Qq Rr Ss Tt Uu Vv Ww Xx Yy Z

Maus

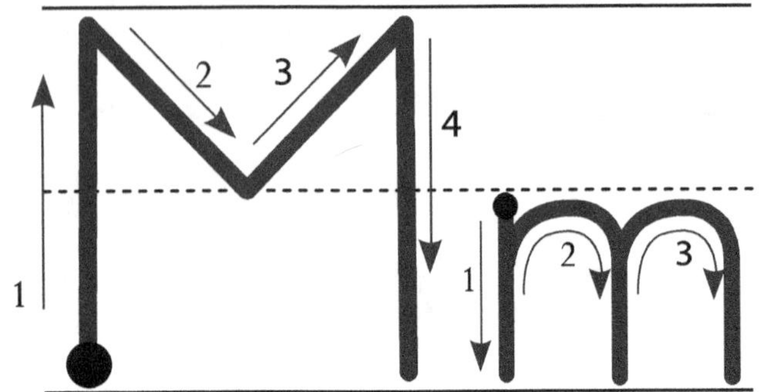

M

Nilpferd

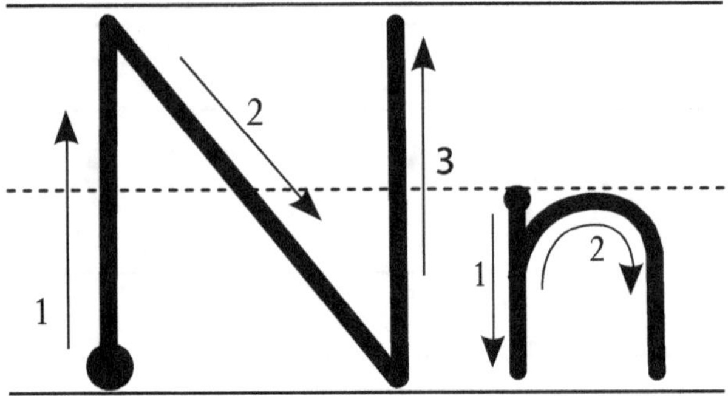

N

Aa Bb Cc Dd Ee Ff Gg Hh Ii Jj Kk Ll Mm **Nn**
Oo Pp Qq Rr Ss Tt Uu Vv Ww Xx Yy Zz

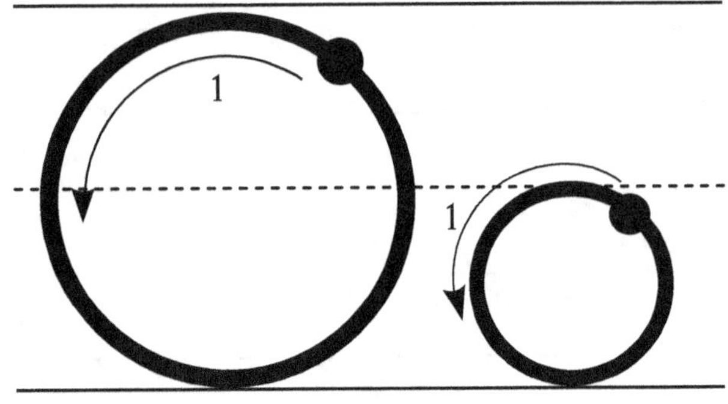

Oktopus

Aa Bb Cc Dd Ee Ff Gg Hh Ii Jj Kk Ll Mm Nn
Oo Pp Qq Rr Ss Tt Uu Vv Ww Xx Yy Zz

P

Pinguin

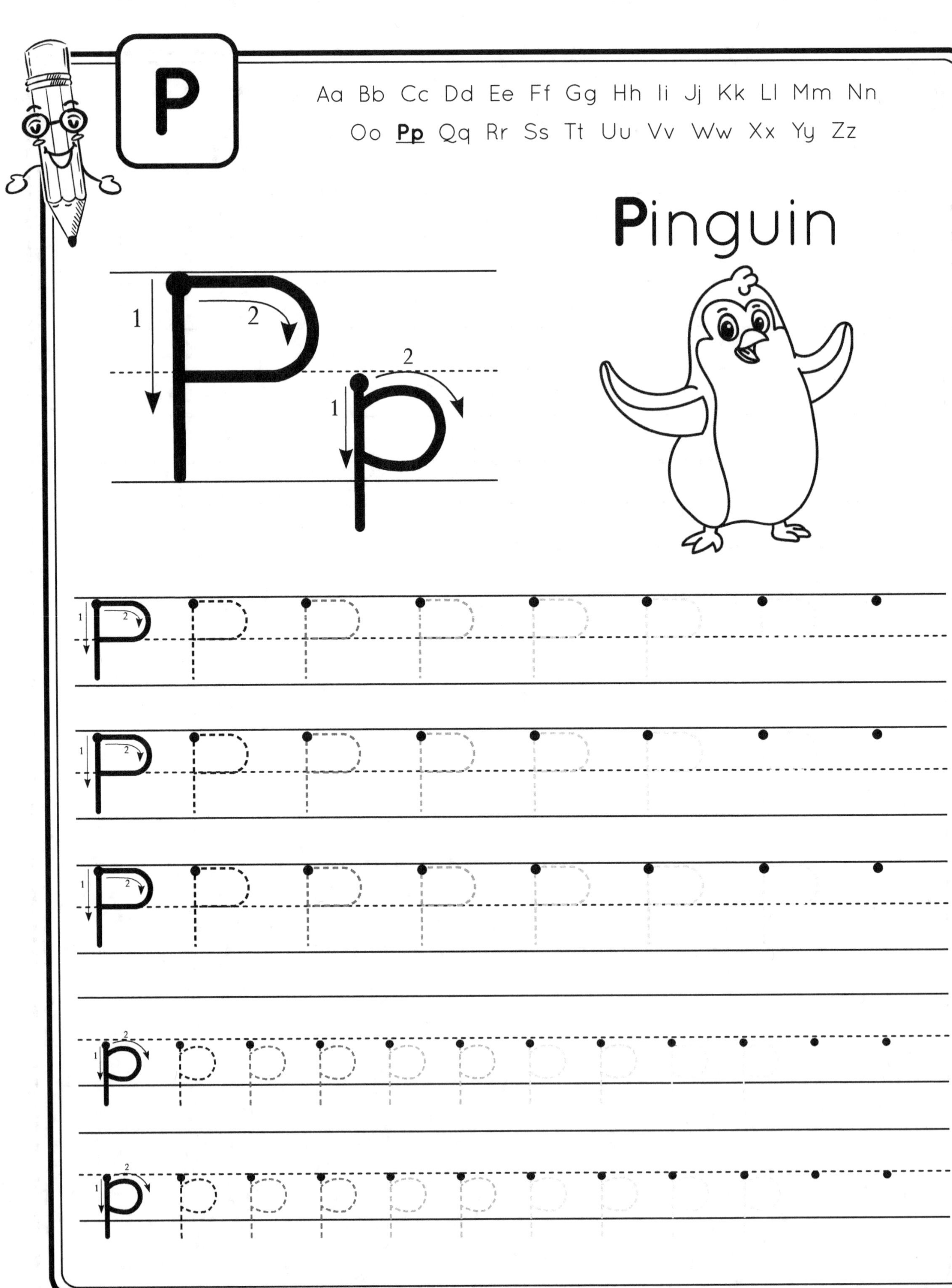

P

Aa Bb Cc Dd Ee Ff Gg Hh Ii Jj Kk Ll Mm Nn
Oo **Pp** Qq Rr Ss Tt Uu Vv Ww Xx Yy Zz

Qualle

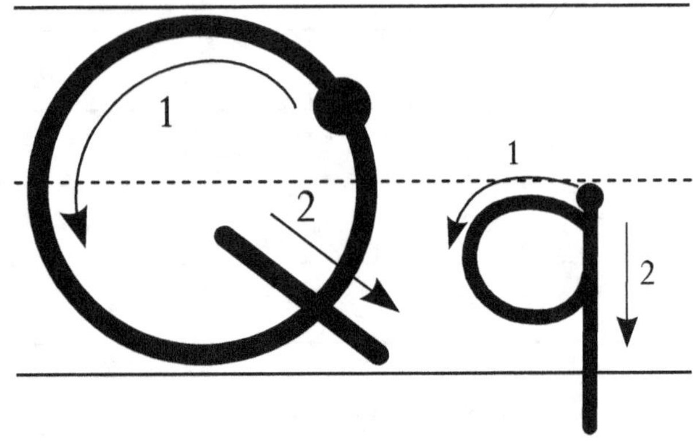

Q
Aa Bb Cc Dd Ee Ff Gg Hh Ii Jj Kk Ll Mm Nn
Oo Pp Qq Rr Ss Tt Uu Vv Ww Xx Yy Zz

R

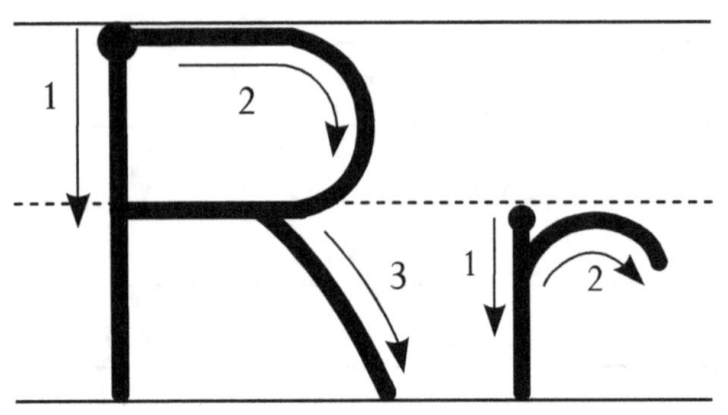

R
Aa Bb Cc Dd Ee Ff Gg Hh Ii Jj Kk Ll Mm Nn
Oo Pp Qq **Rr** Ss Tt Uu Vv Ww Xx Yy Zz

Aa Bb Cc Dd Ee Ff Gg Hh Ii Jj Kk Ll Mm Nn
Oo Pp Qq Rr **Ss** Tt Uu Vv Ww Xx Yy Zz

Seepferdchen

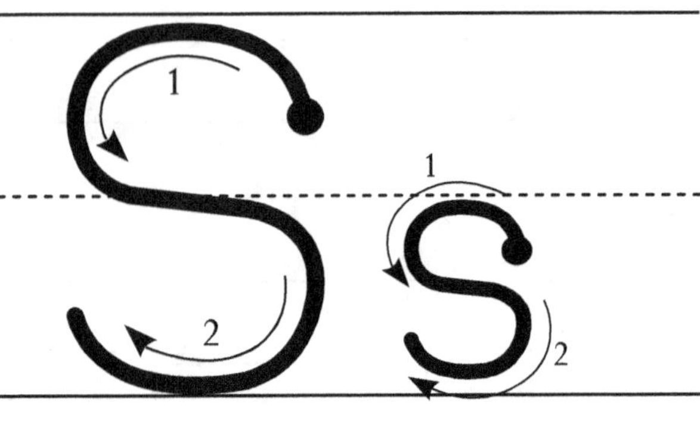

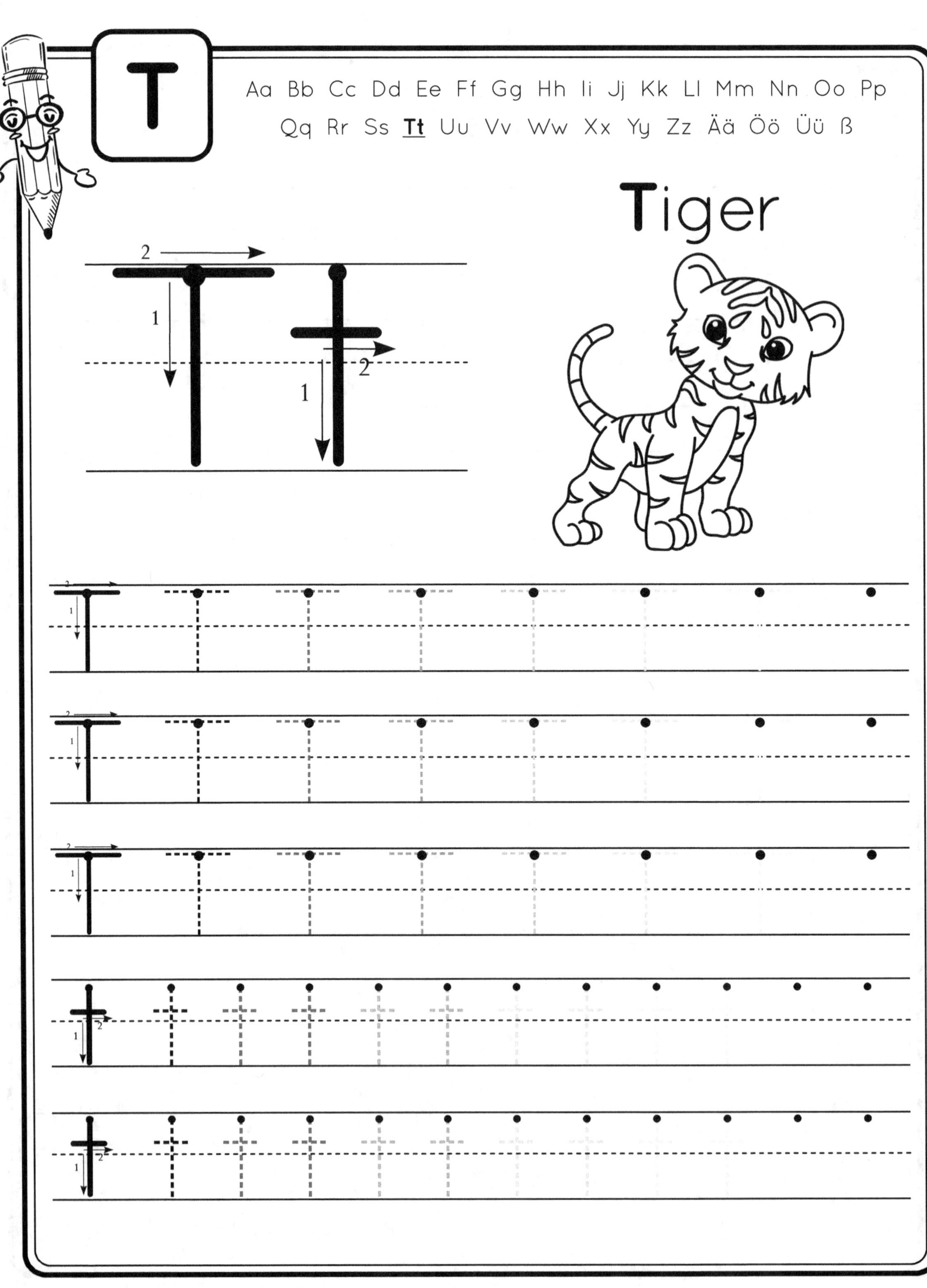

T
Aa Bb Cc Dd Ee Ff Gg Hh Ii Jj Kk Ll Mm Nn Oo Pp
Qq Rr Ss Tt Uu Vv Ww Xx Yy Zz Ää Öö Üü ß
Tiger

T

U

Uhu

U
Aa Bb Cc Dd Ee Ff Gg Hh Ii Jj Kk Ll Mm Nn
Oo Pp Qq Rr Ss Tt Uu Vv Ww Xx Yy Zz

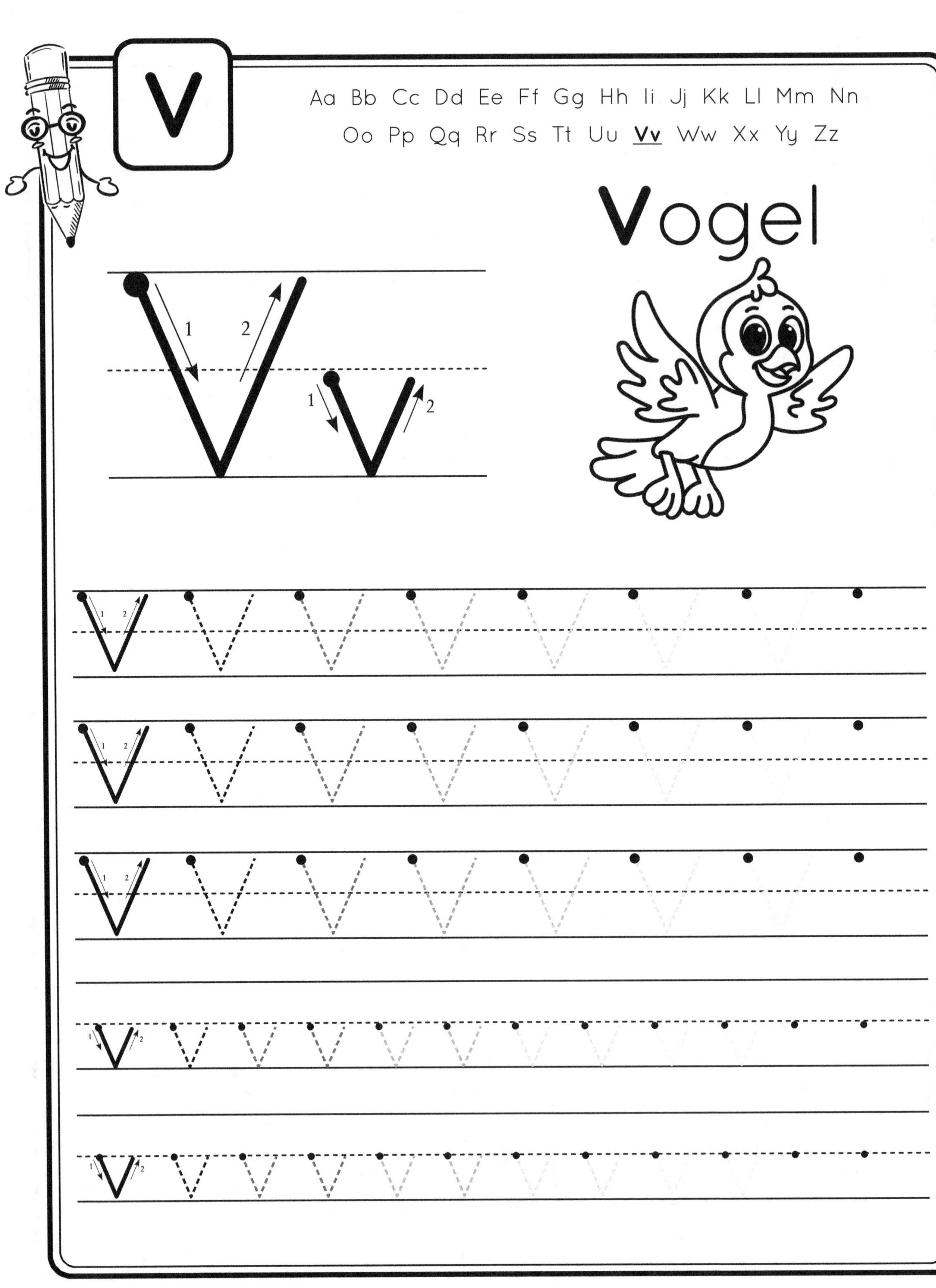
V
Aa Bb Cc Dd Ee Ff Gg Hh Ii Jj Kk Ll Mm Nn
Oo Pp Qq Rr Ss Tt Uu Vv Ww Xx Yy Zz
Vogel
1 2
1 2

V
Aa Bb Cc Dd Ee Ff Gg Hh Ii Jj Kk Ll Mm Nn
Oo Pp Qq Rr Ss Tt Uu Vv Ww Xx Yy Zz

Aa Bb Cc Dd Ee Ff Gg Hh Ii Jj Kk Ll Mm Nn
Oo Pp Qq Rr Ss Tt Uu Vv **Ww** Xx Yy Zz

Wal

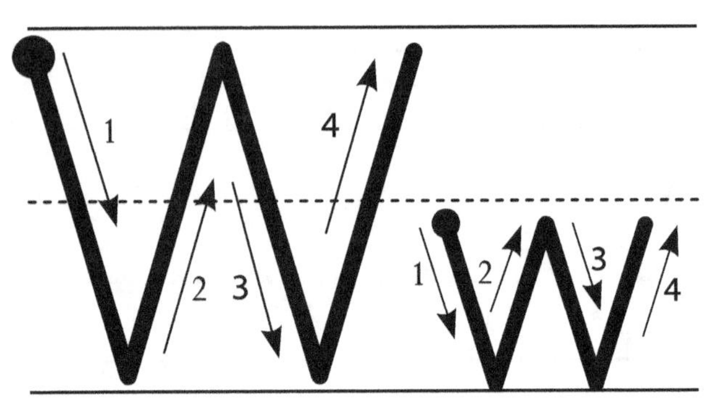

Aa Bb Cc Dd Ee Ff Gg Hh Ii Jj Kk Ll Mm Nn
Oo Pp Qq Rr Ss Tt Uu Vv **<u>Ww</u>** Xx Yy Zz

Aa Bb Cc Dd Ee Ff Gg Hh Ii Jj Kk Ll Mm Nn
Oo Pp Qq Rr Ss Tt Uu Vv Ww **Xx** Yy Zz

Xenopus

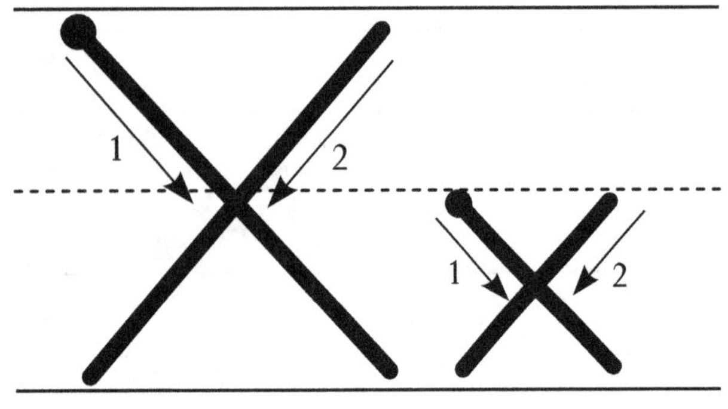

Aa Bb Cc Dd Ee Ff Gg Hh Ii Jj Kk Ll Mm Nn
Oo Pp Qq Rr Ss Tt Uu Vv Ww **Xx** Yy Zz

Y
Aa Bb Cc Dd Ee Ff Gg Hh Ii Jj Kk Ll Mm Nn
Oo Pp Qq Rr Ss Tt Uu Vv Ww Xx Yy Zz
Yak

Y
Aa Bb Cc Dd Ee Ff Gg Hh Ii Jj Kk Ll Mm Nn
Oo Pp Qq Rr Ss Tt Uu Vv Ww Xx Yy Zz

Zz

Z

Aa Bb Cc Dd Ee Ff Gg Hh Ii Jj Kk Ll Mm Nn
Oo Pp Qq Rr Ss Tt Uu Vv Ww Xx Yy **<u>Zz</u>**

Bravo, du hast alle Buchstaben gemeistert!

Jetzt lass uns die Zahlen üben!

null

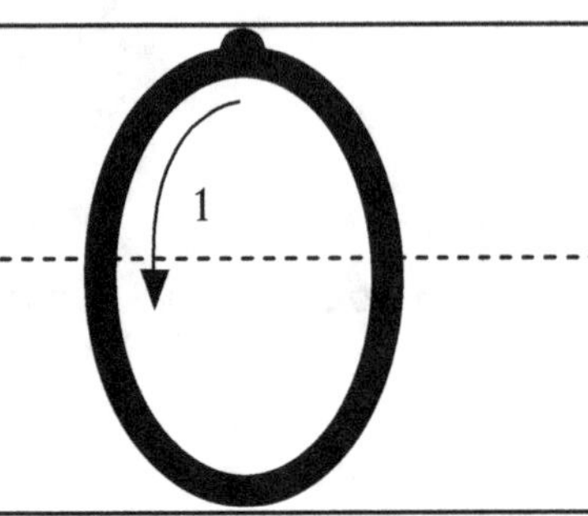

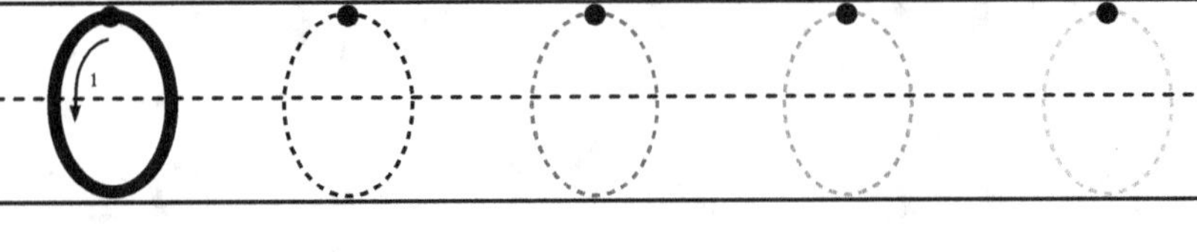

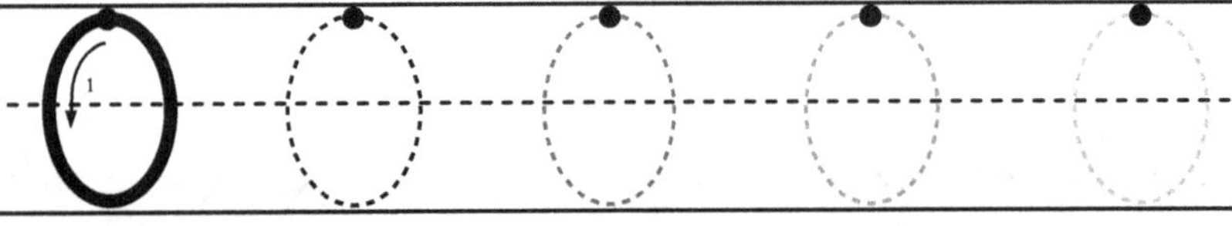

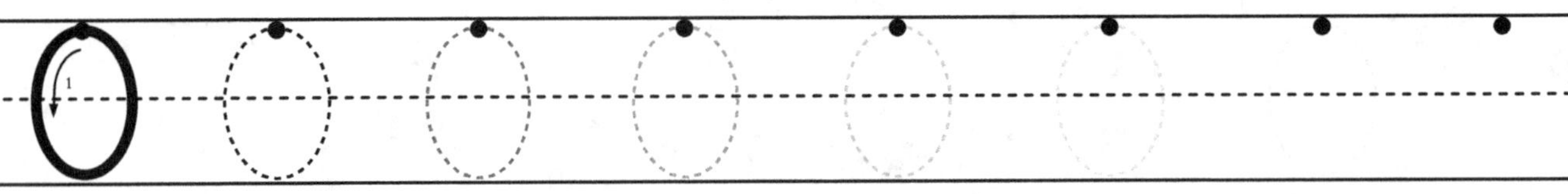

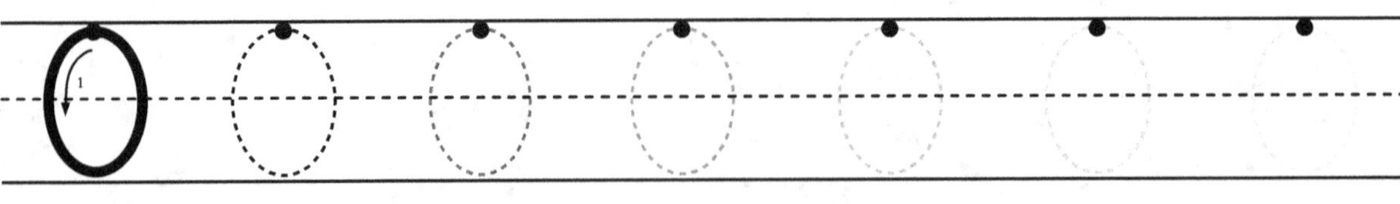

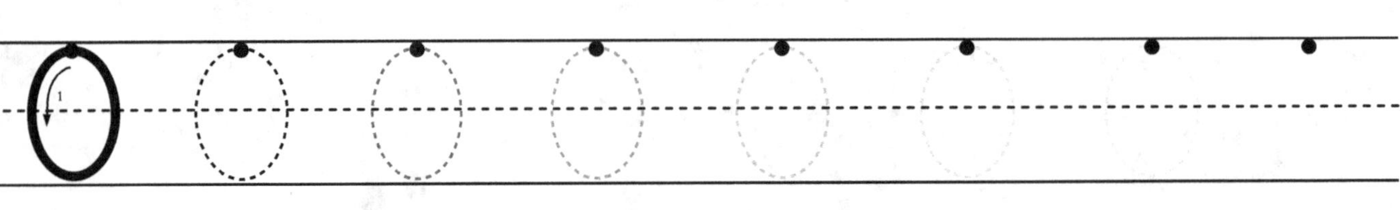

O

0 1 2 3 4 5 6 7 8 9 10 11 12 13 14 15 16
17 18 19 20 21 22 23 24 25 26 27 28 29 30

1

eins

zwei

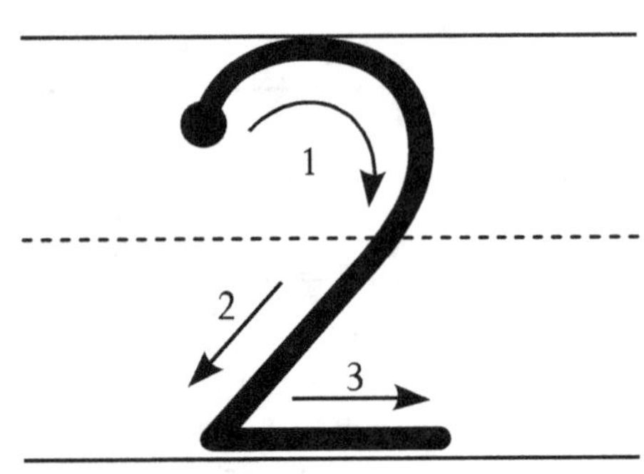

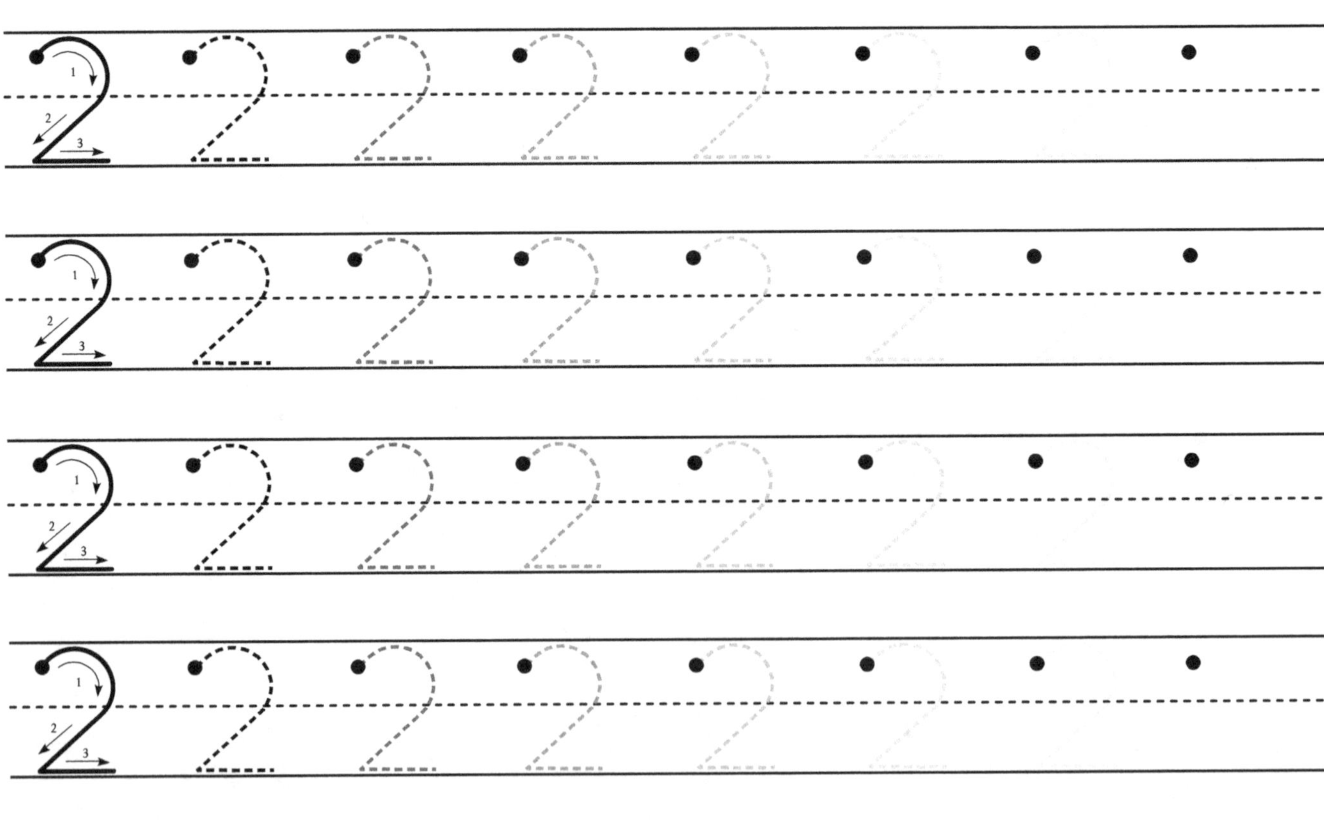

2

0 1 **2** 3 4 5 6 7 8 9 10 11 12 13 14 15 16
17 18 19 20 21 22 23 24 25 26 27 28 29 30

drei

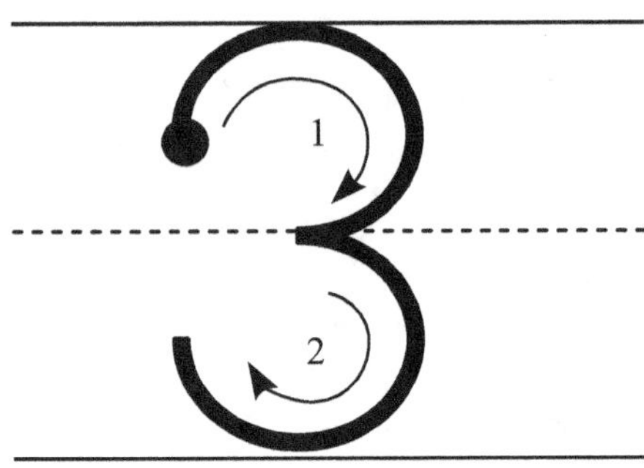

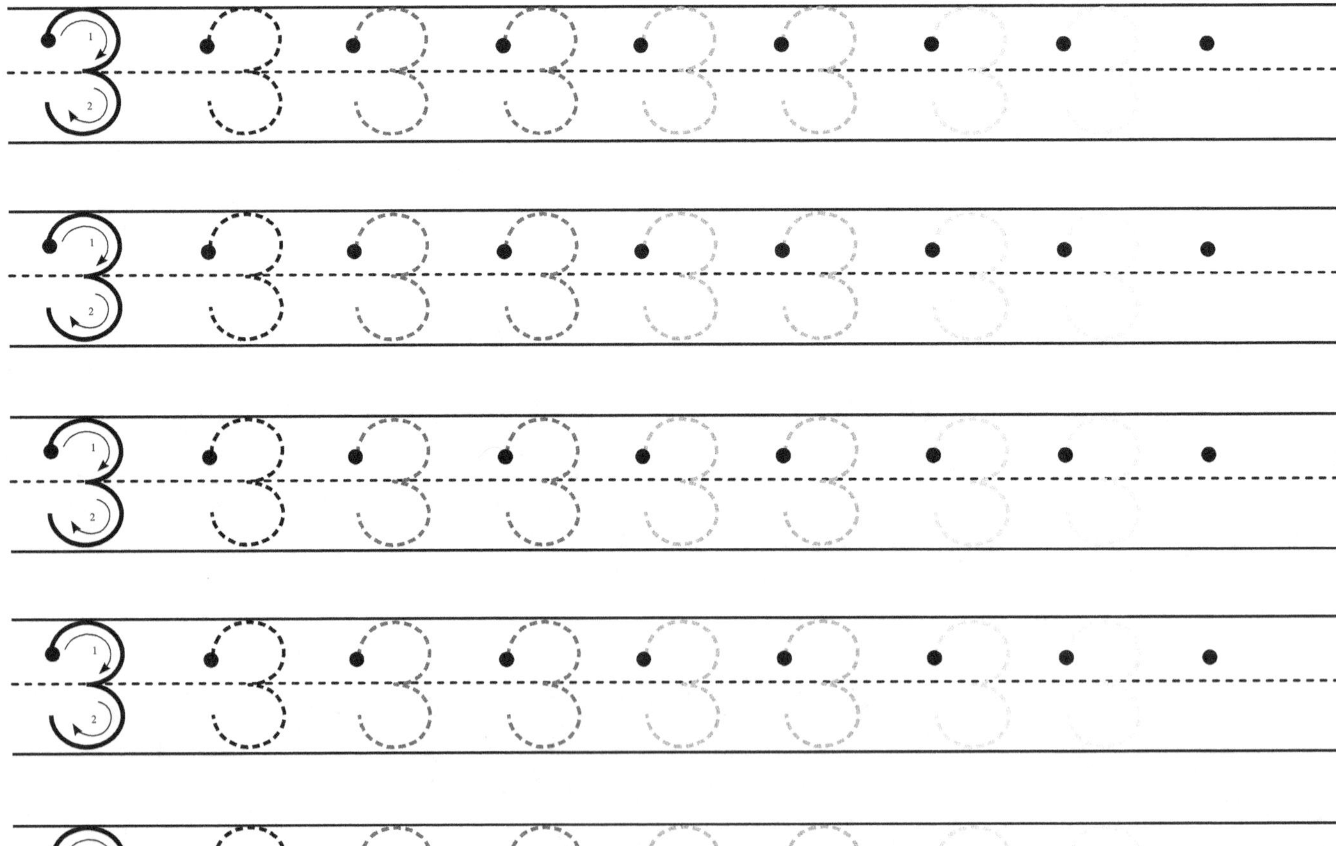

3

0 1 2 **3** 4 5 6 7 8 9 10 11 12 13 14 15 16
17 18 19 20 21 22 23 24 25 26 27 28 29 30

4

vier

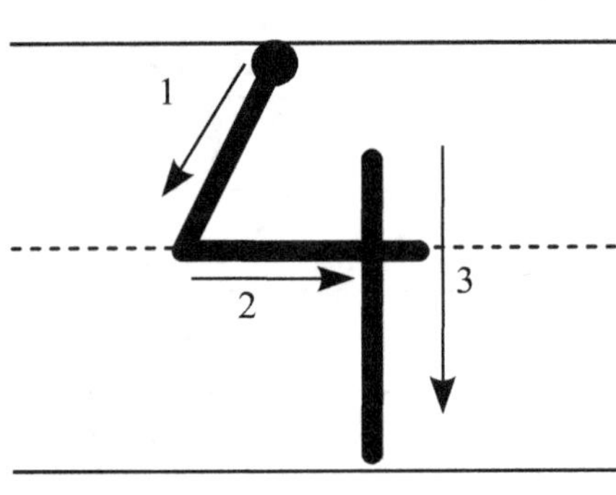

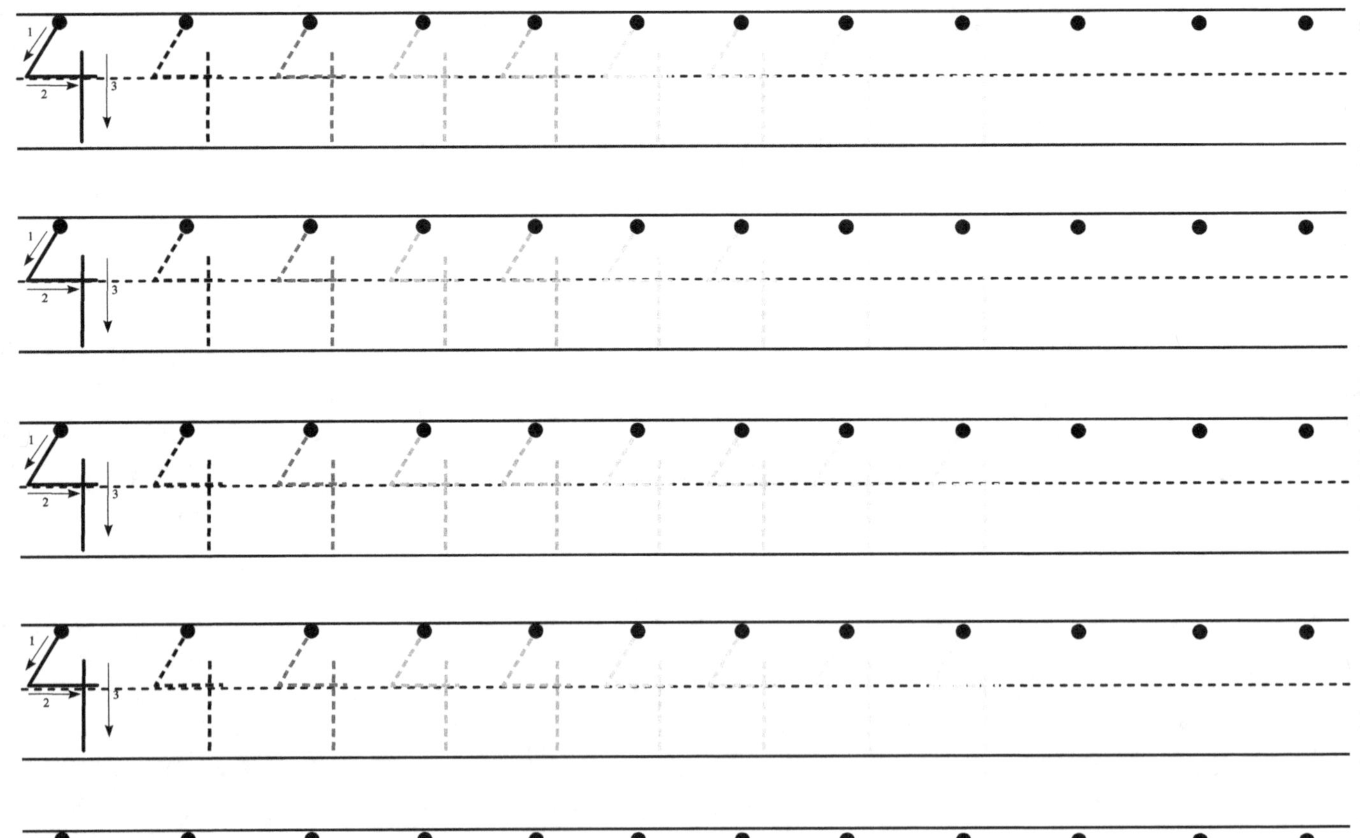

4

0 1 2 3 **4** 5 6 7 8 9 10 11 12 13 14 15 16 17 18 19 20 21 22 23 24 25 26 27 28 29 30

fünf

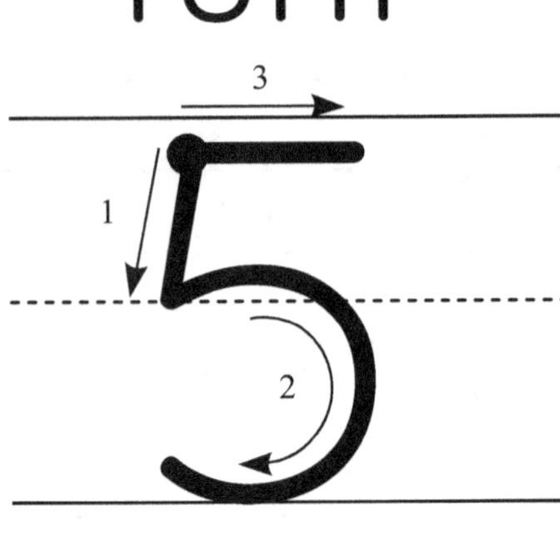

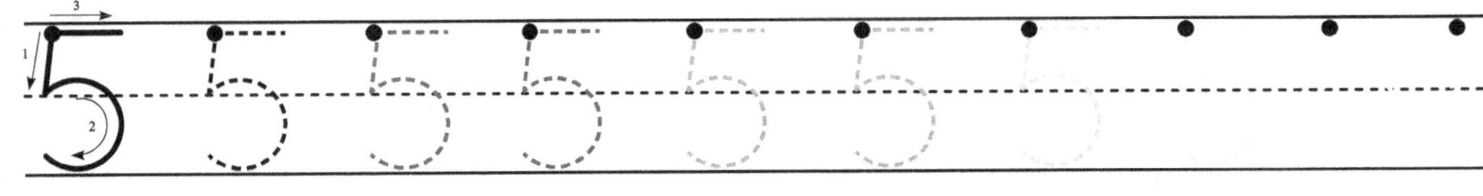

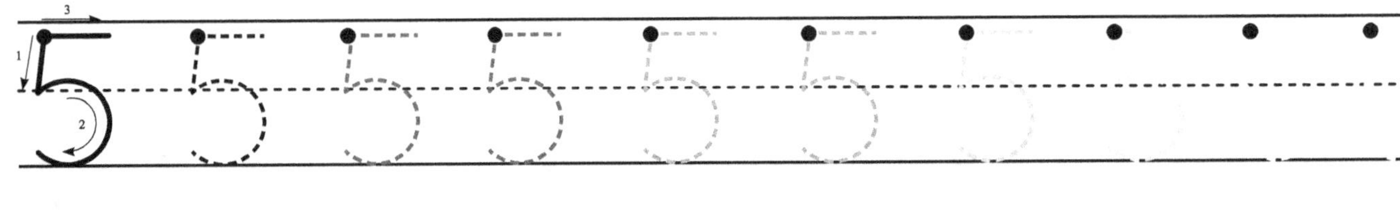

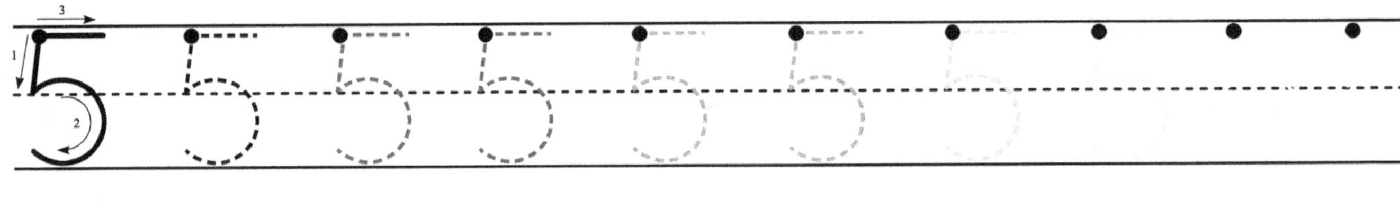

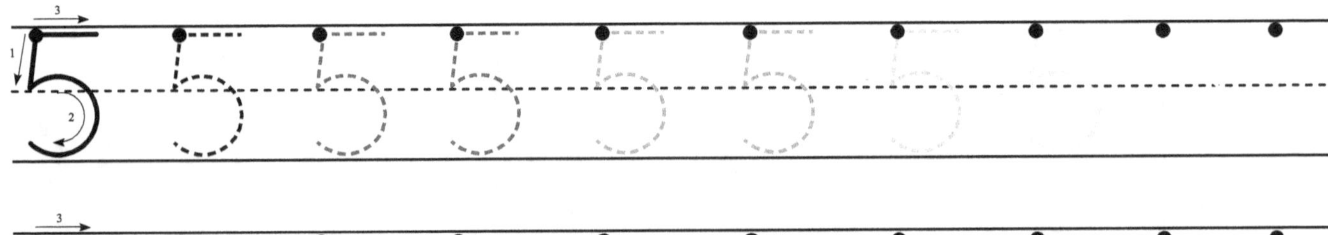

5

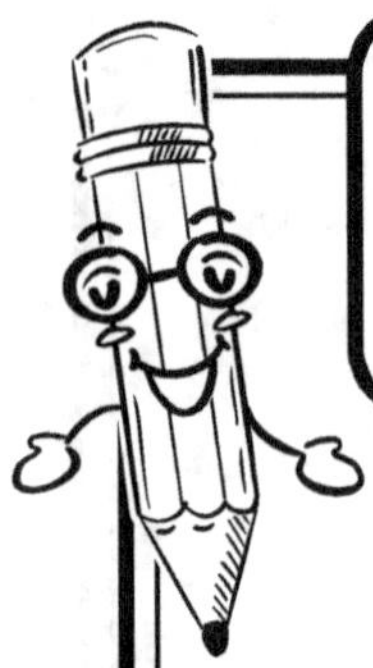

0 1 2 3 4 5 **6** 7 8 9 10 11 12 13 14 15 16
17 18 19 20 21 22 23 24 25 26 27 28 29 30

sechs

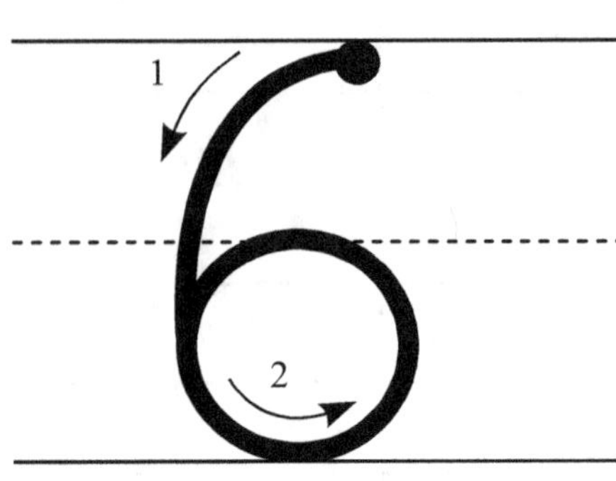

6

sieben

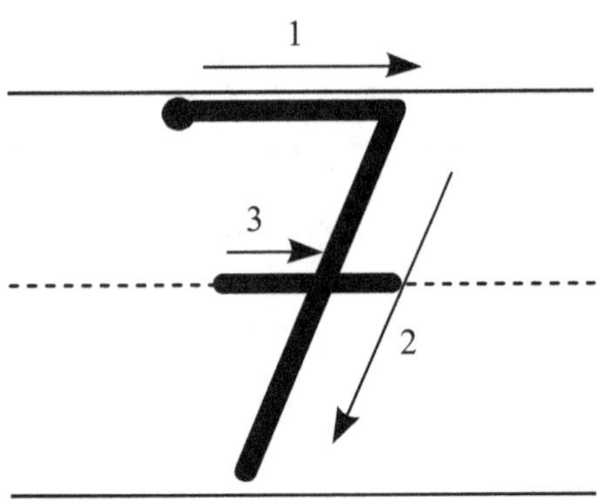

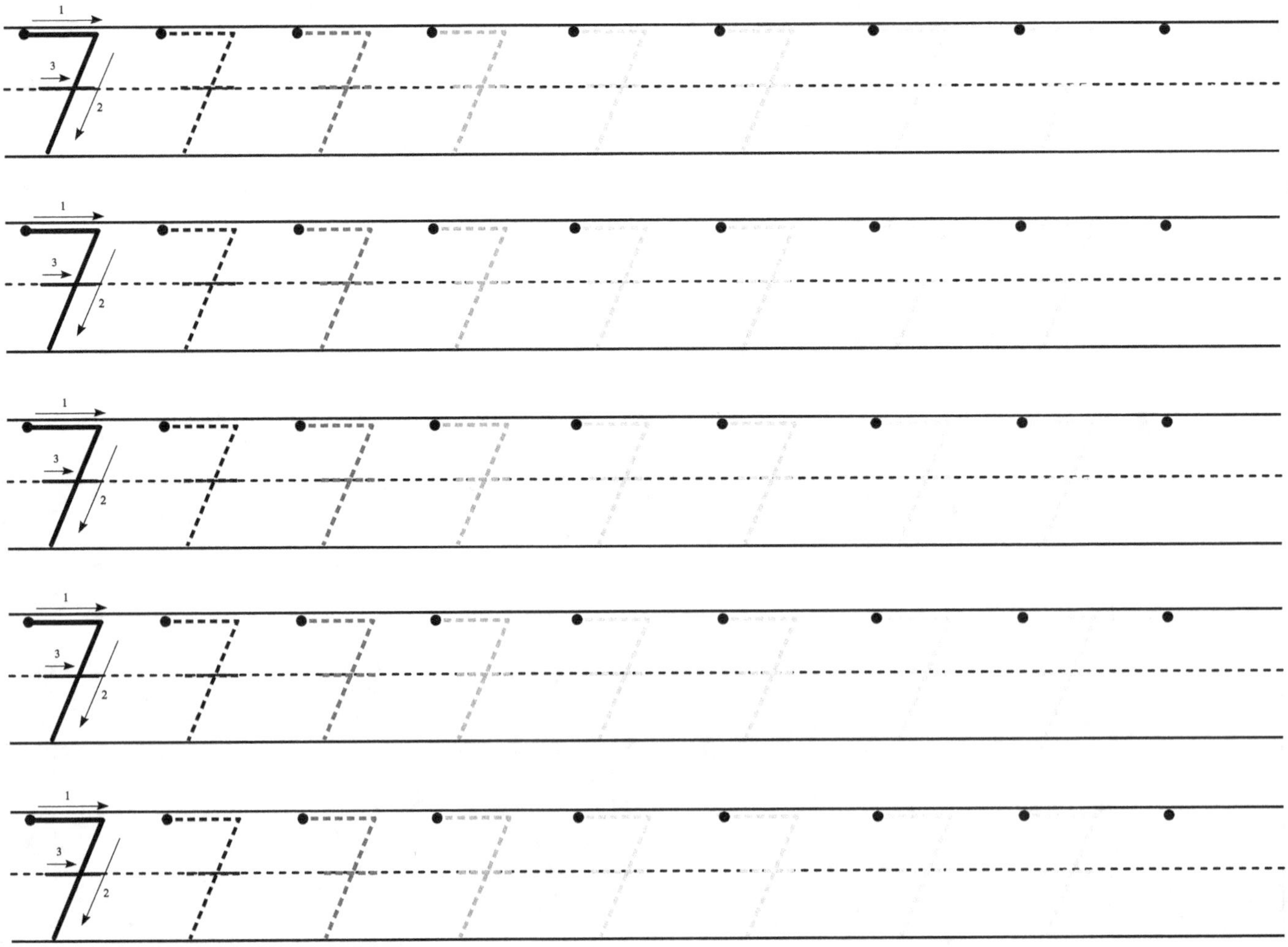

0 1 2 3 4 5 6 7 8 9 10 11 12 13 14 15 16
17 18 19 20 21 22 23 24 25 26 27 28 29 30

acht

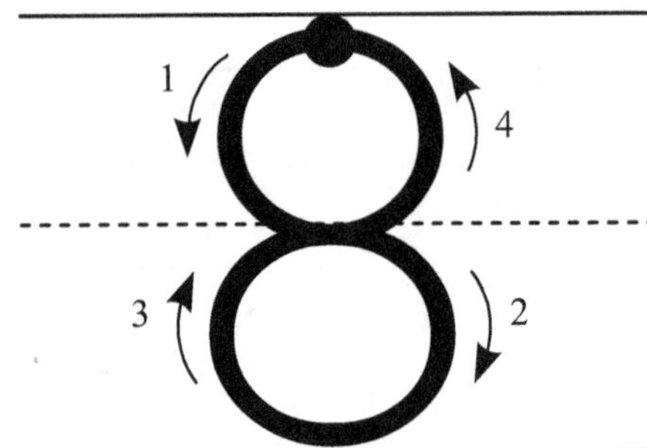

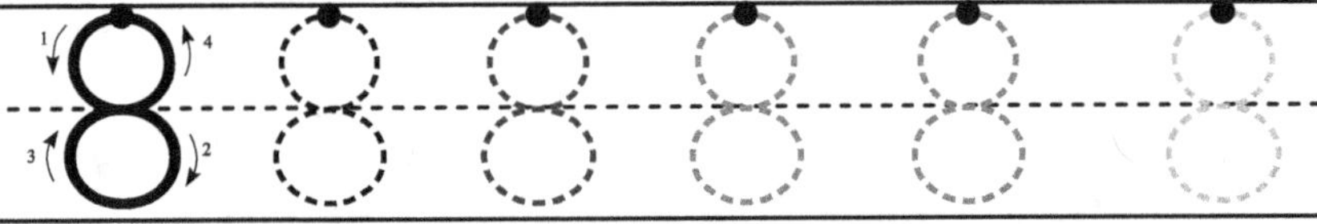

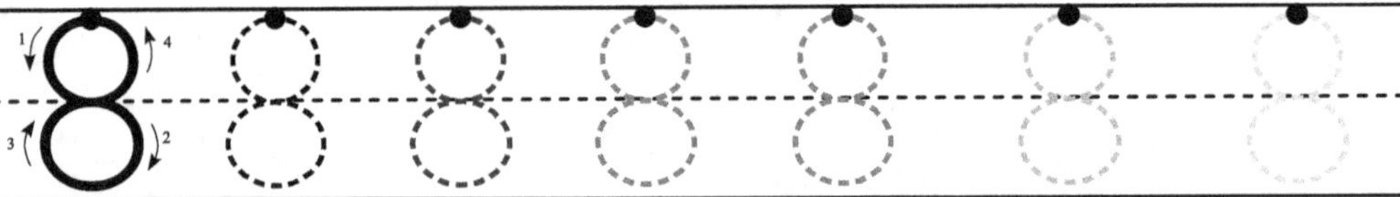

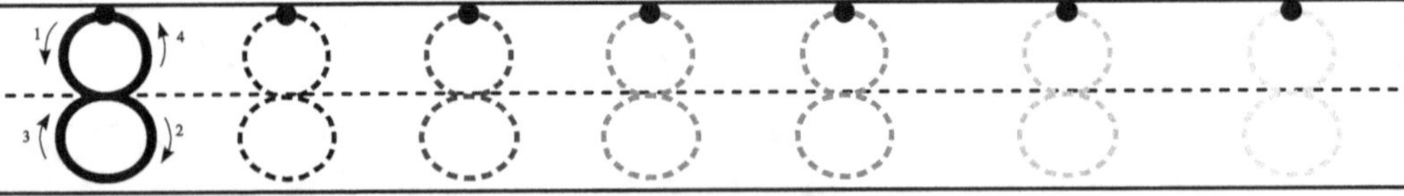

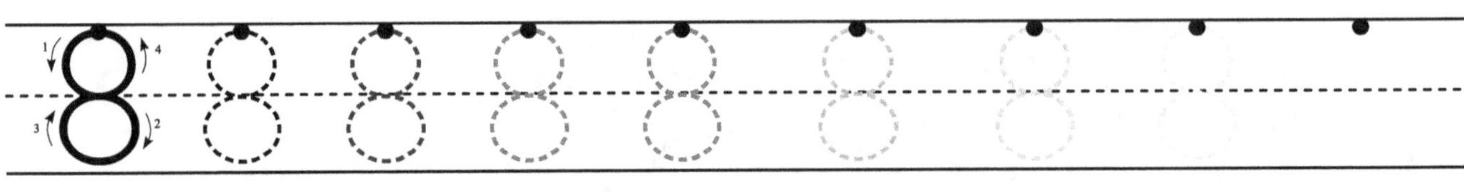

8

0 1 2 3 4 5 6 7 **8** 9 10 11 12 13 14 15 16
17 18 19 20 21 22 23 24 25 26 27 28 29 30

neun

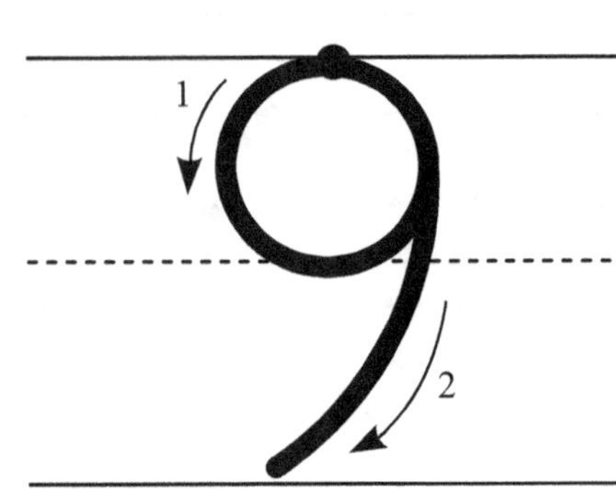

9

zehn

10

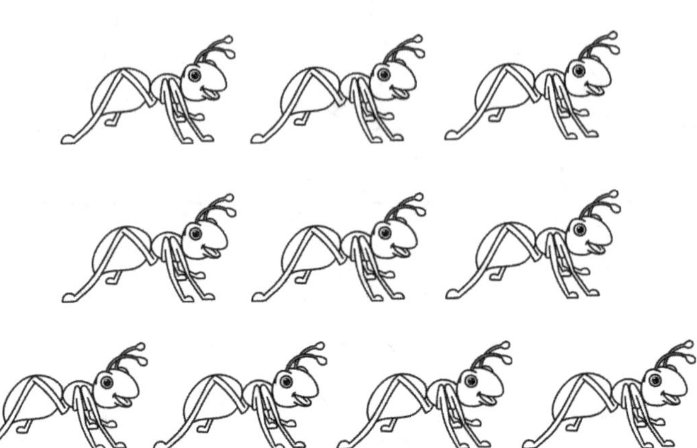

10

10

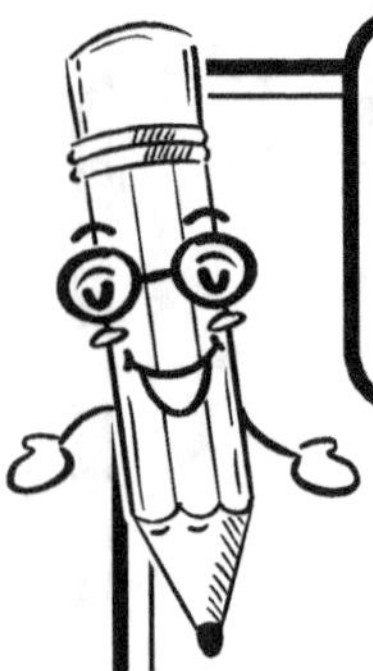

elf

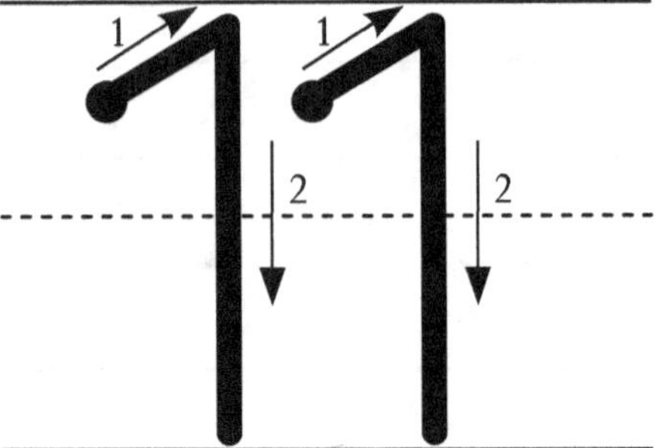

0 1 2 3 4 5 6 7 8 9 10 **11** 12 13 14 15 16
17 18 19 20 21 22 23 24 25 26 27 28 29 30

zwölf

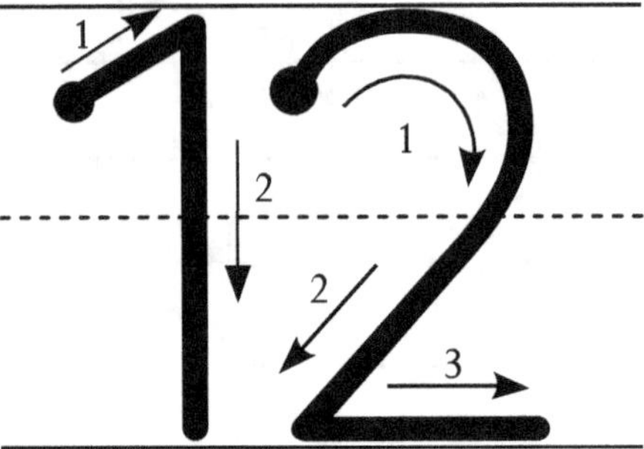

0 1 2 3 4 5 6 7 8 9 10 11 **12** 13 14 15 16
17 18 19 20 21 22 23 24 25 26 27 28 29 30

dreizehn

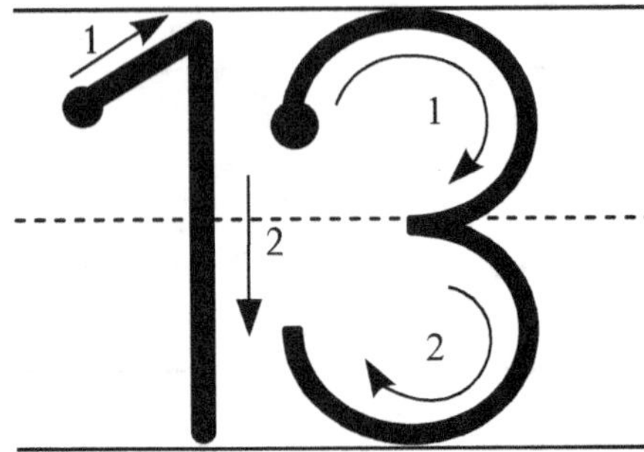

13

14

vierzehn

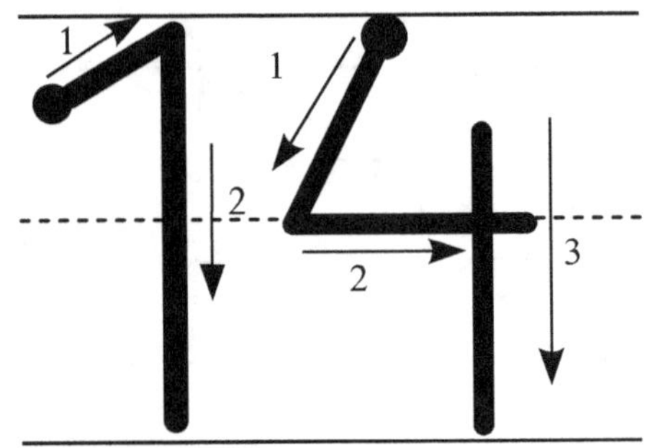

14

0 1 2 3 4 5 6 7 8 9 10 11 12 13 **14** 15 16
17 18 19 20 21 22 23 24 25 26 27 28 29 30

15

fünfzehn

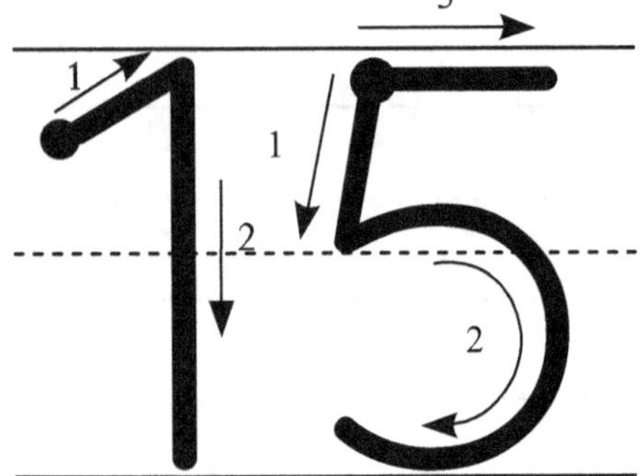

15

16

sechzehn

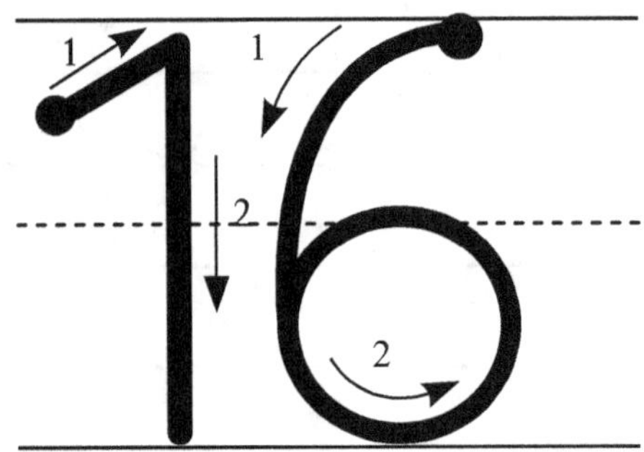

0 1 2 3 4 5 6 7 8 9 10 11 12 13 14 15 **16**
17 18 19 20 21 22 23 24 25 26 27 28 29 30

17

siebzehn

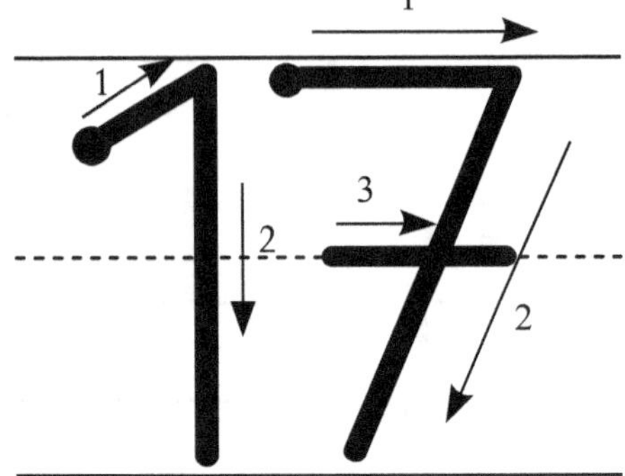

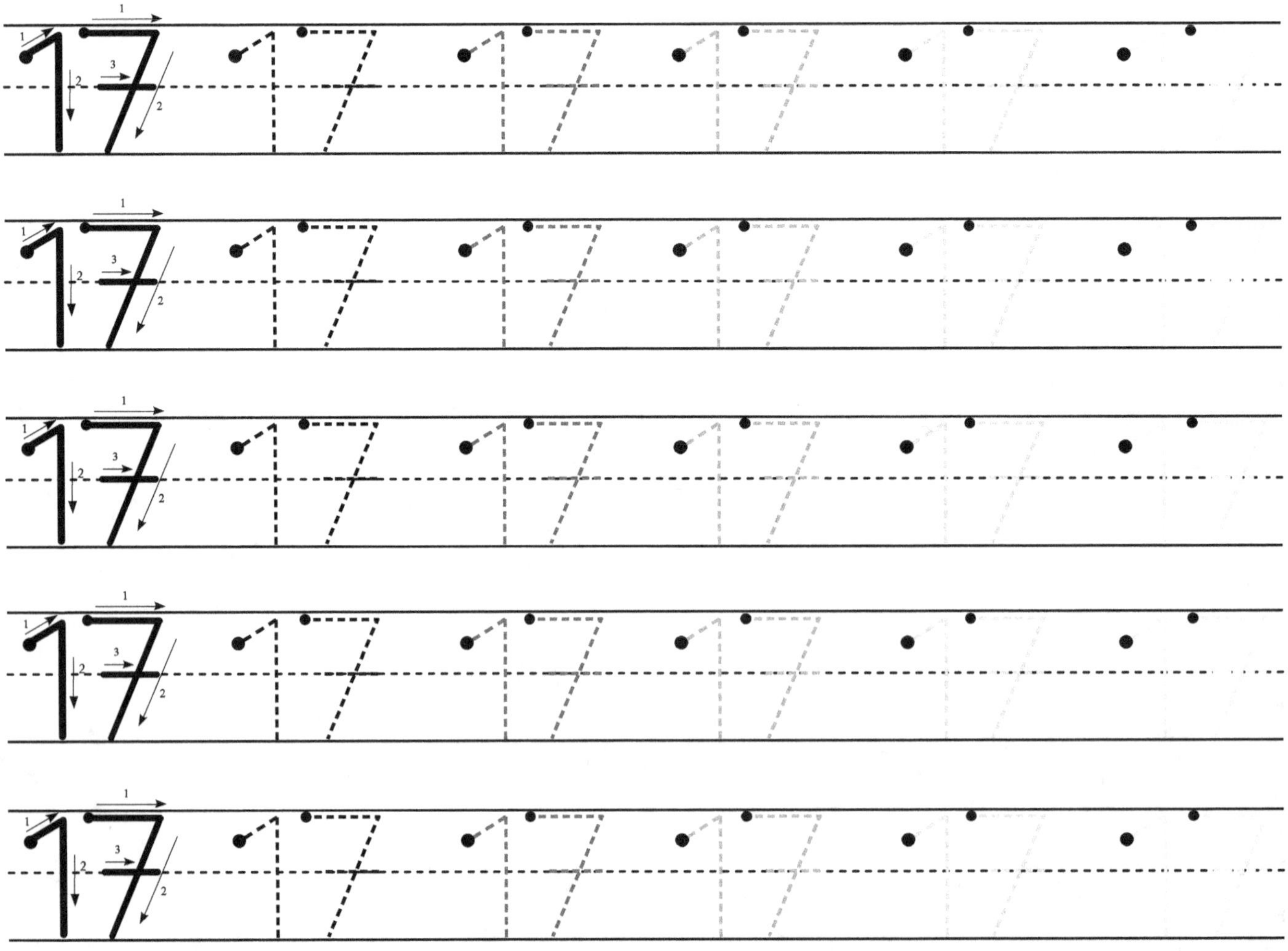

achtzehn

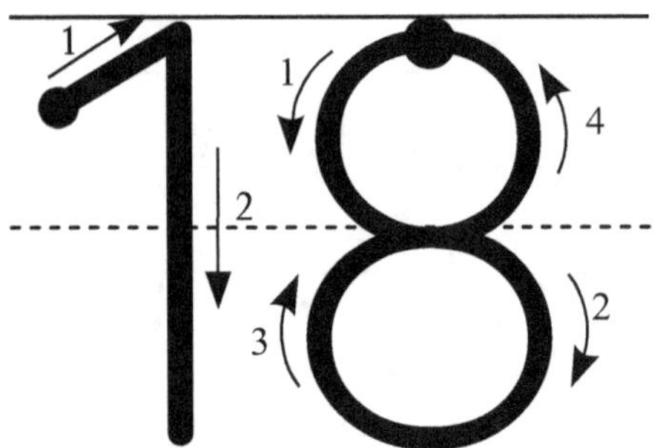

0 1 2 3 4 5 6 7 8 9 10 11 12 13 14 15 16
17 **18** 19 20 21 22 23 24 25 26 27 28 29 30

18 18 18 18 18

neunzehn

19 19 19 19 19

0 1 2 3 4 5 6 7 8 9 10 11 12 13 14 15 16
17 18 19 **20** 21 22 23 24 25 26 27 28 29 30

zwanzig

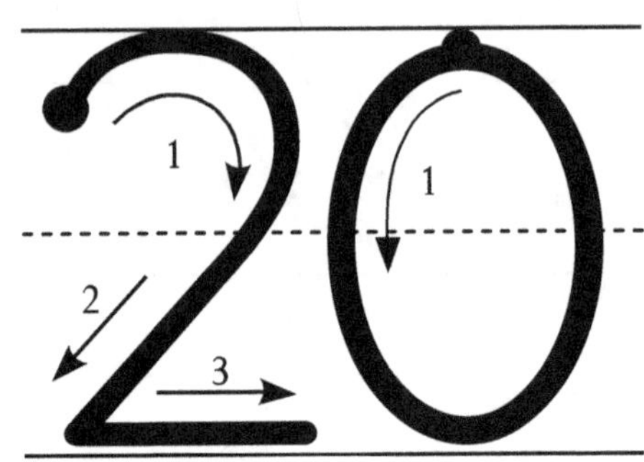

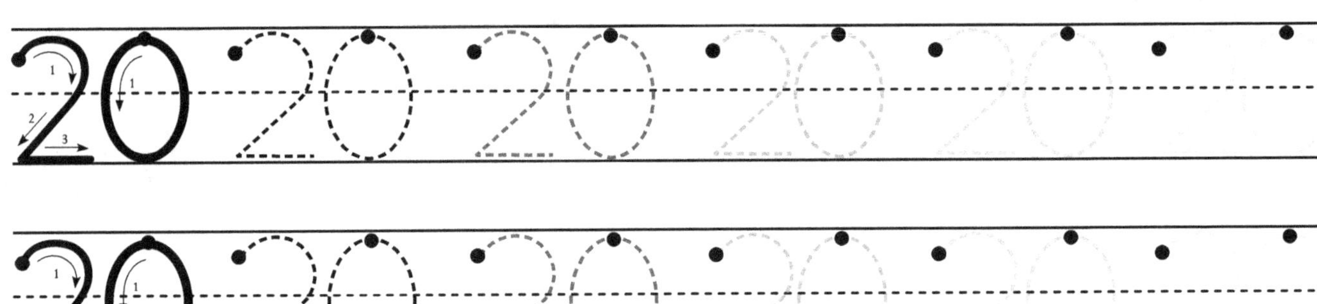

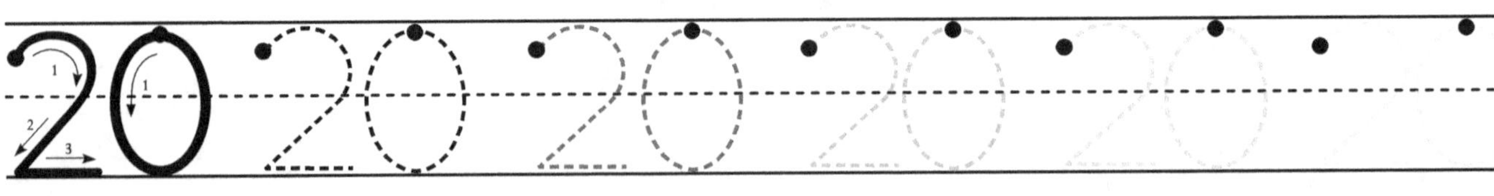

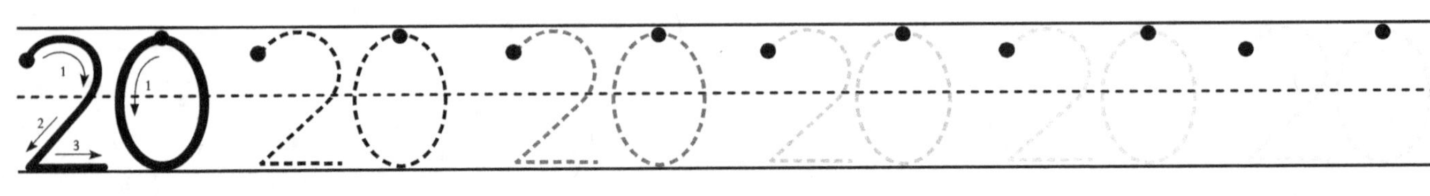

0 1 2 3 4 5 6 7 8 9 10 11 12 13 14 15 16
17 18 19 **20** 21 22 23 24 25 26 27 28 29 30

20 20 20 20 20 20

einundzwanzig

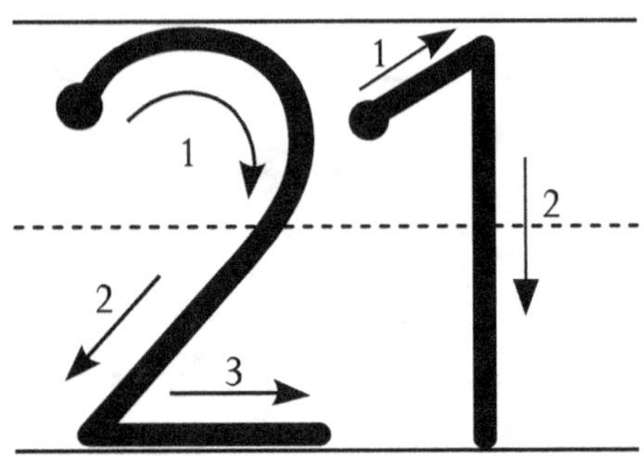

0 1 2 3 4 5 6 7 8 9 10 11 12 13 14 15 16
17 18 19 20 **21** 22 23 24 25 26 27 28 29 30

zweiundzwanzig

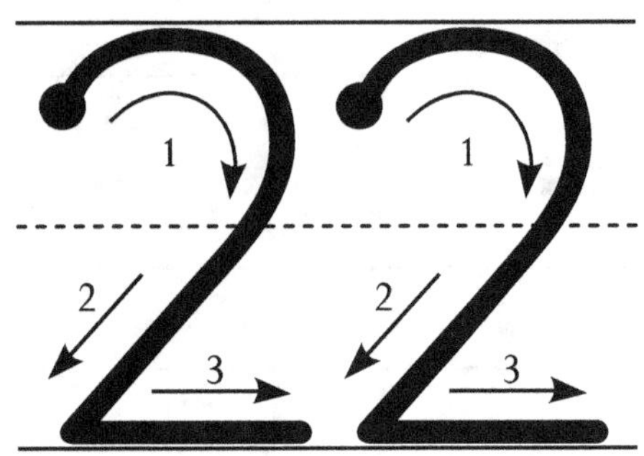

0 1 2 3 4 5 6 7 8 9 10 11 12 13 14 15 16
17 18 19 20 21 **22** 23 24 25 26 27 28 29 30

23

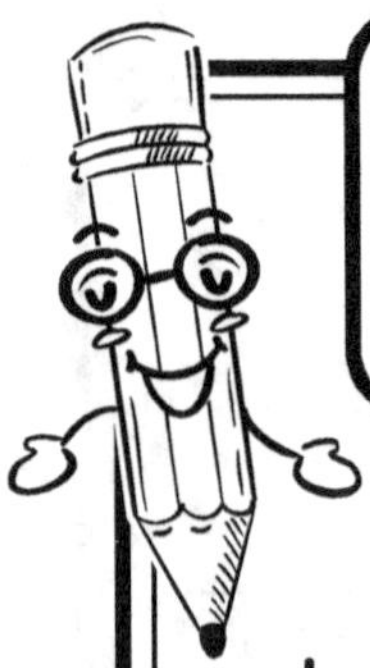

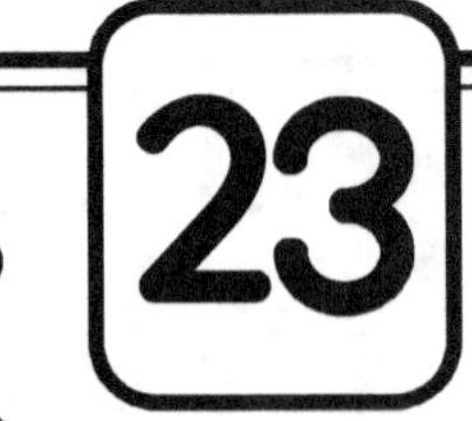

0 1 2 3 4 5 6 7 8 9 10 11 12 13 14 15 16
17 18 19 20 21 22 **23** 24 25 26 27 28 29 30

dreiundzwanzig

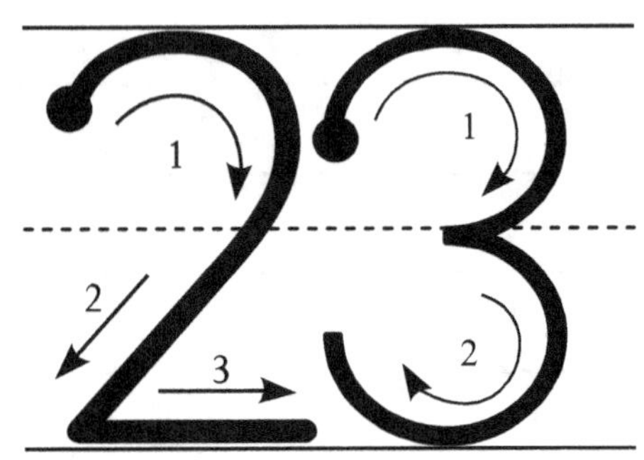

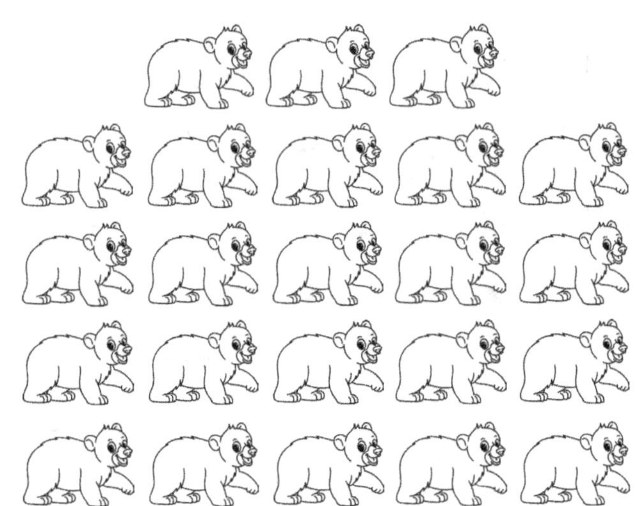

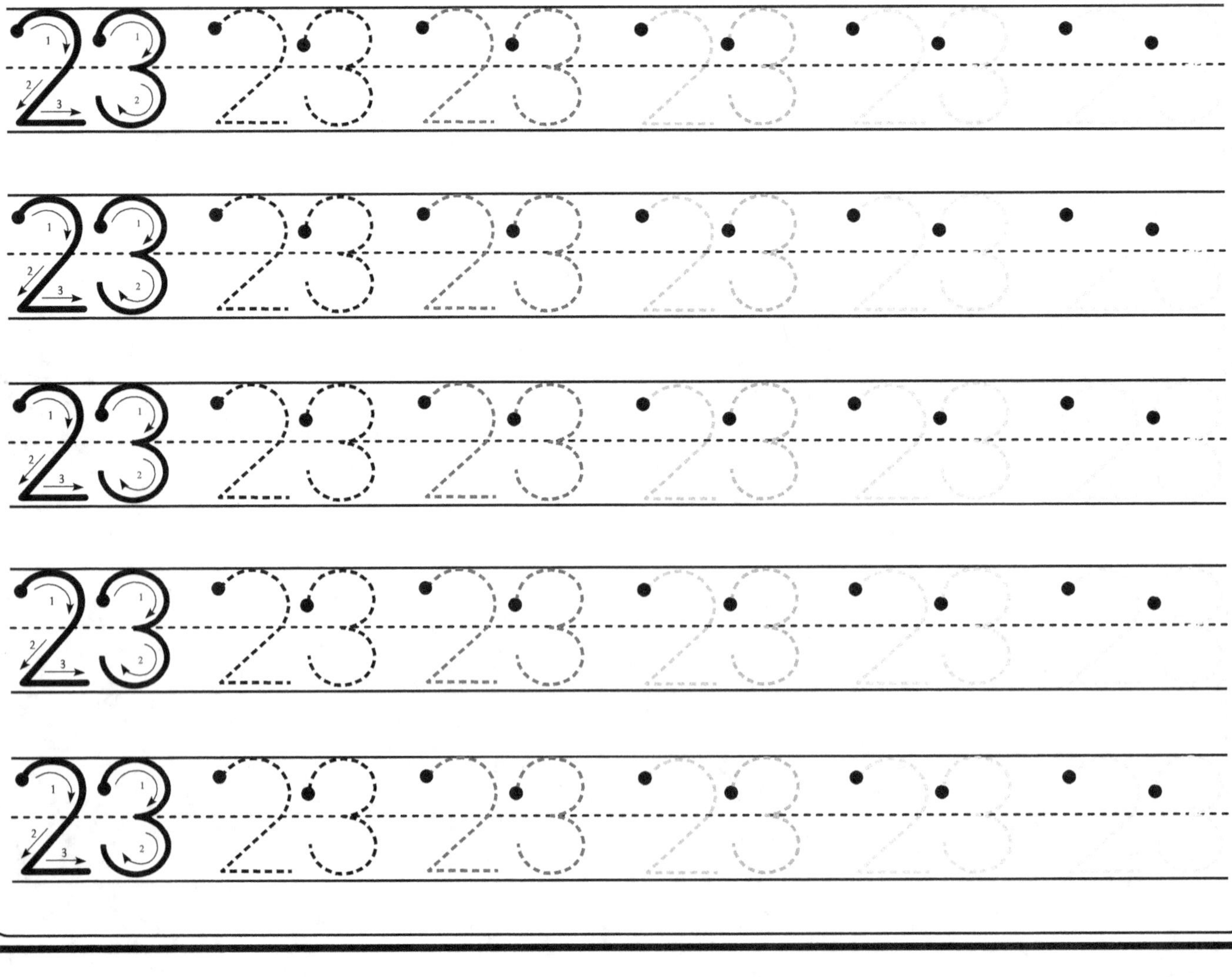

0 1 2 3 4 5 6 7 8 9 10 11 12 13 14 15 16
17 18 19 20 21 22 **23** 24 25 26 27 28 29 30

vierundzwanzig

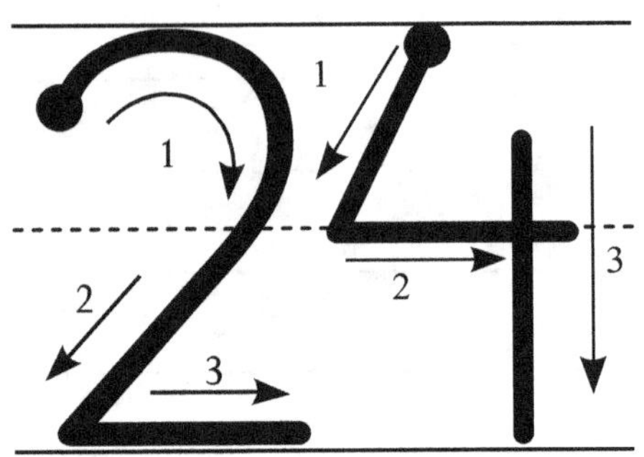

0 1 2 3 4 5 6 7 8 9 10 11 12 13 14 15 16
17 18 19 20 21 22 23 **24** 25 26 27 28 29 30

0 1 2 3 4 5 6 7 8 9 10 11 12 13 14 15 16
17 18 19 20 21 22 23 24 **25** 26 27 28 29 30

fünfundzwanzig

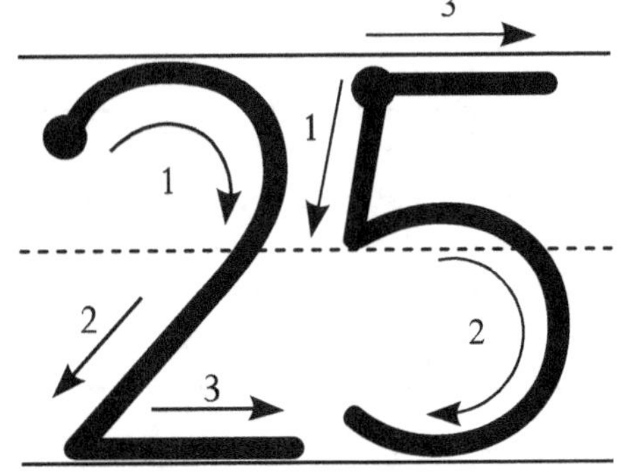

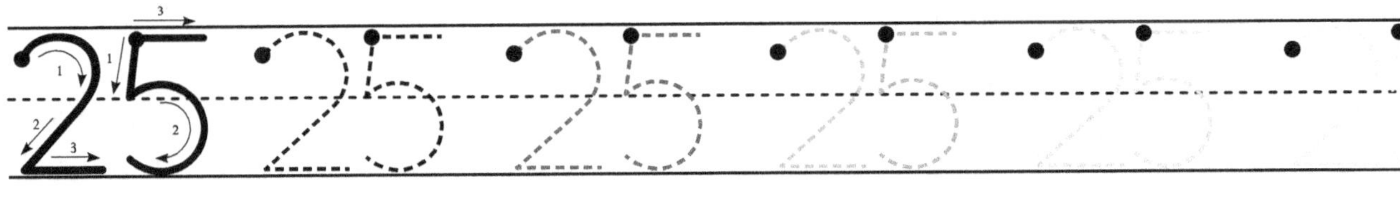

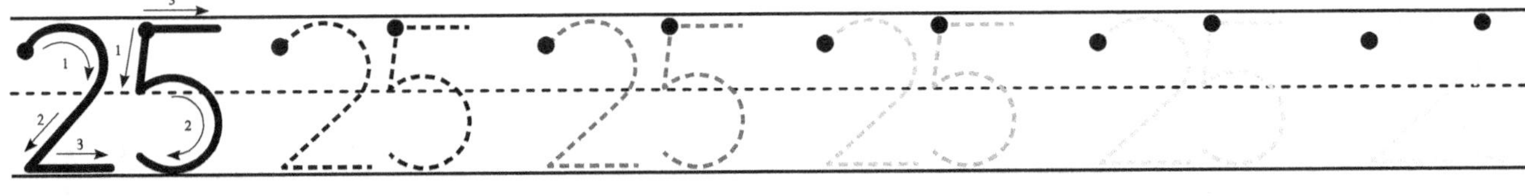

0 1 2 3 4 5 6 7 8 9 10 11 12 13 14 15 16
17 18 19 20 21 22 23 24 **25** 26 27 28 29 30

25 25 25 25 25 25

sechsundzwanzig

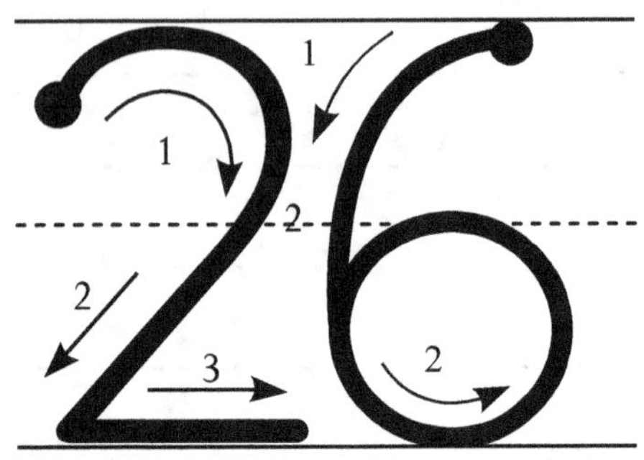

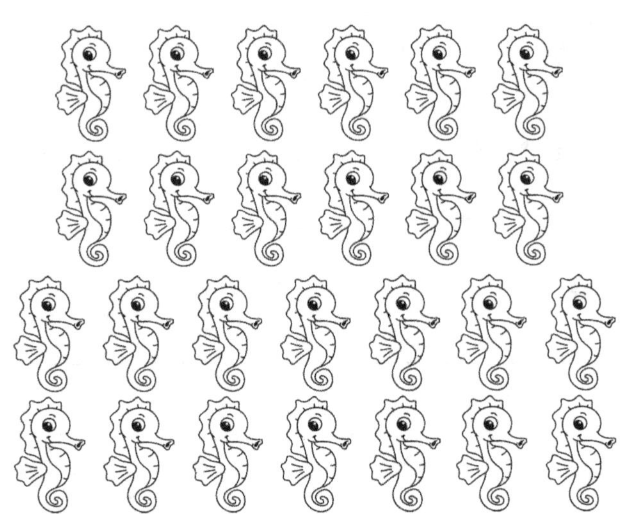

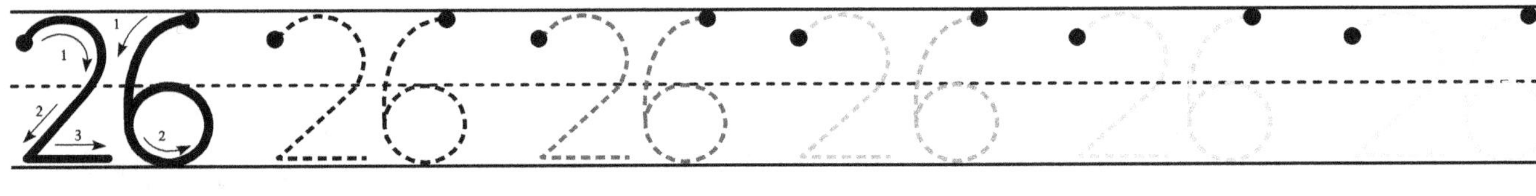

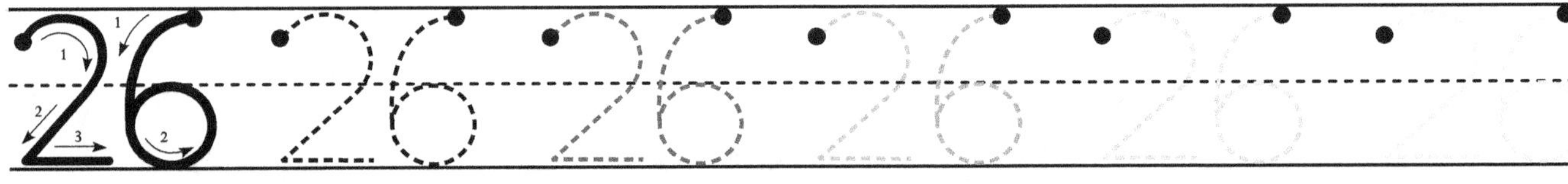

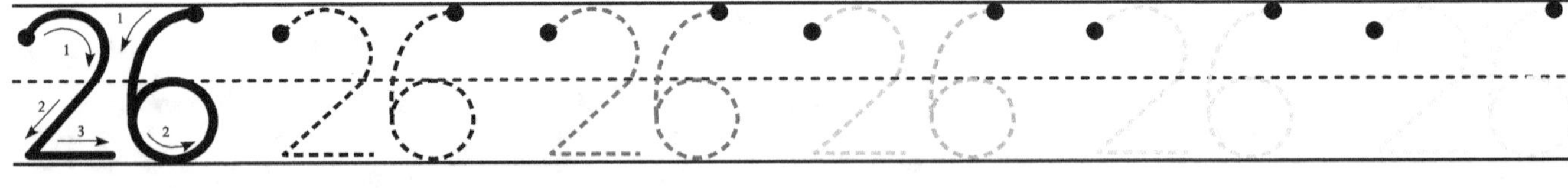

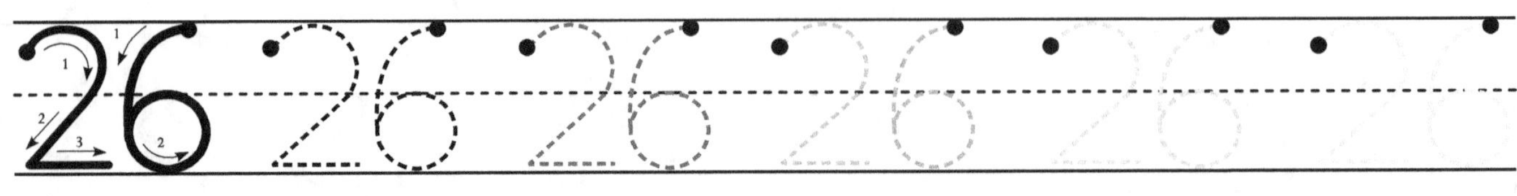

0 1 2 3 4 5 6 7 8 9 10 11 12 13 14 15 16
17 18 19 20 21 22 23 24 25 **26** 27 28 29 30

26 26 26 26 26 26

27

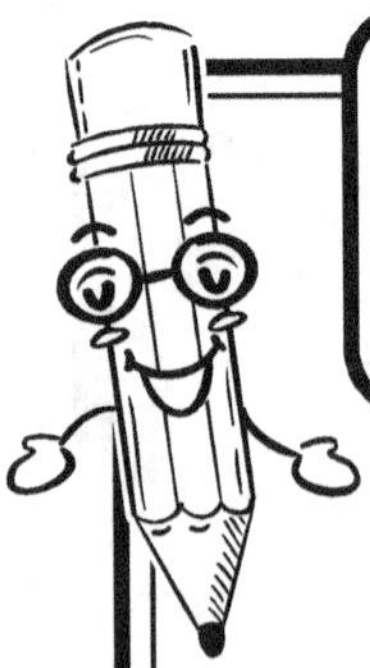

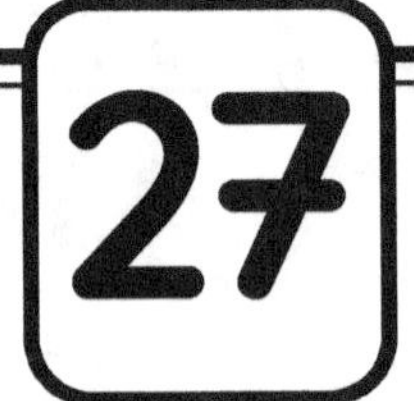

0 1 2 3 4 5 6 7 8 9 10 11 12 13 14 15 16
17 18 19 20 21 22 23 24 25 26 **27** 28 29 30

siebenundzwanzig

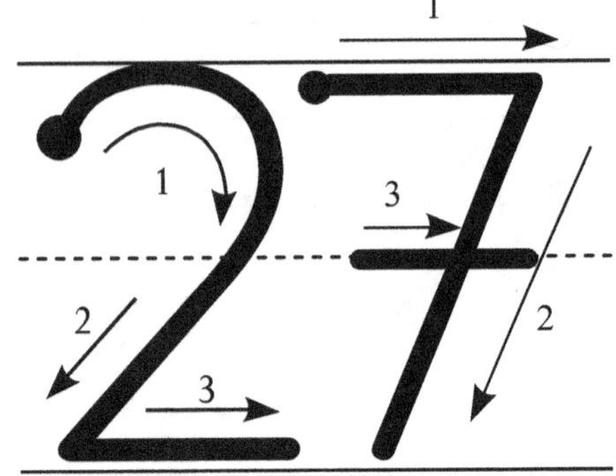

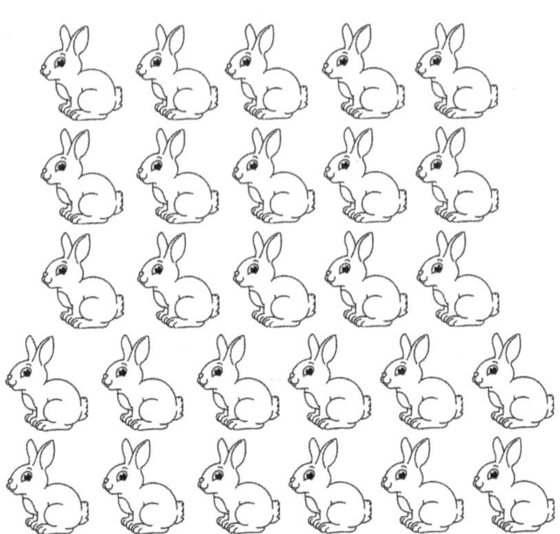

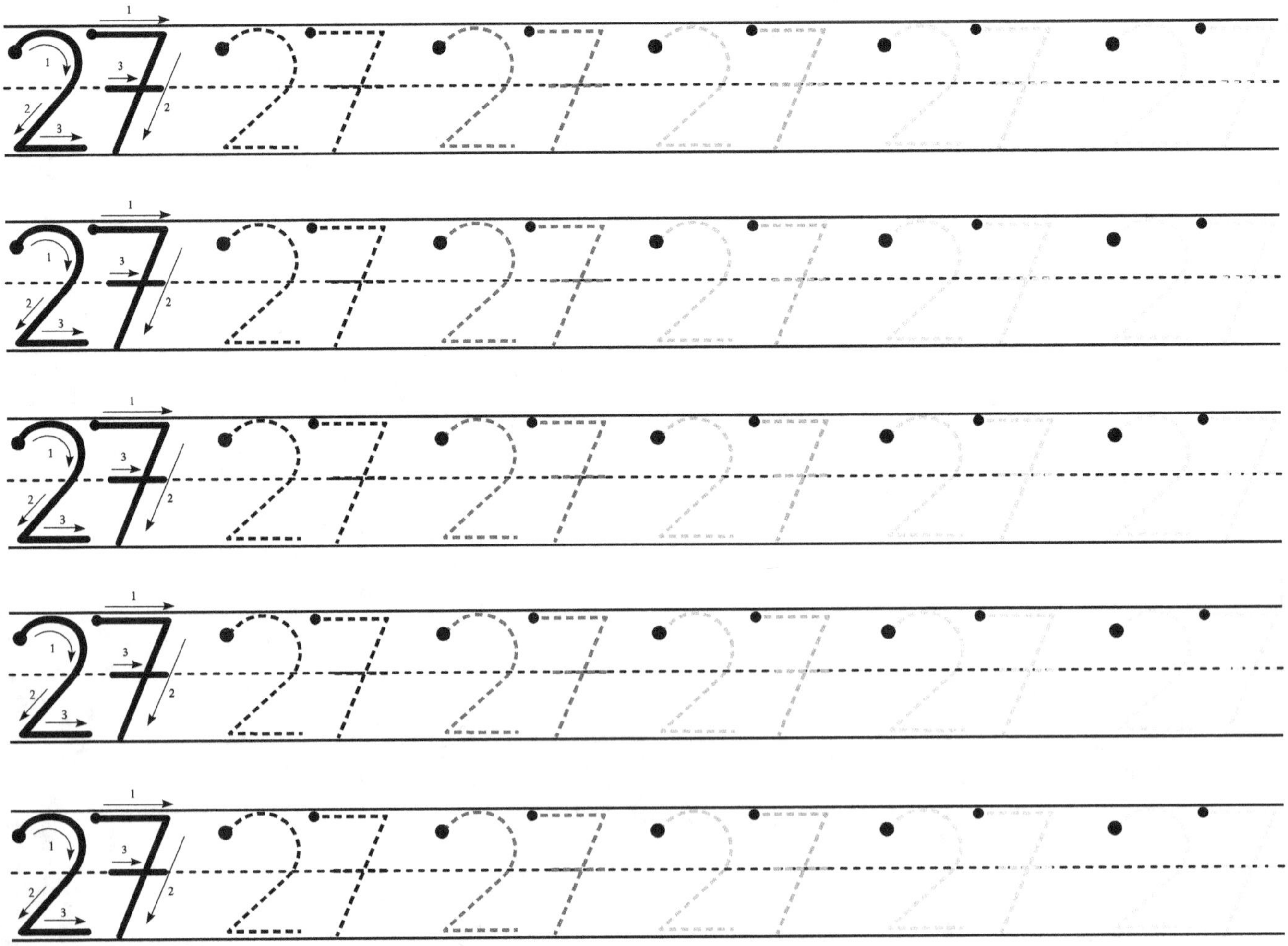

0 1 2 3 4 5 6 7 8 9 10 11 12 13 14 15 16
17 18 19 20 21 22 23 24 25 26 **27** 28 29 30

0 1 2 3 4 5 6 7 8 9 10 11 12 13 14 15 16
17 18 19 20 21 22 23 24 25 26 27 **28** 29 30

achtundzwanzig

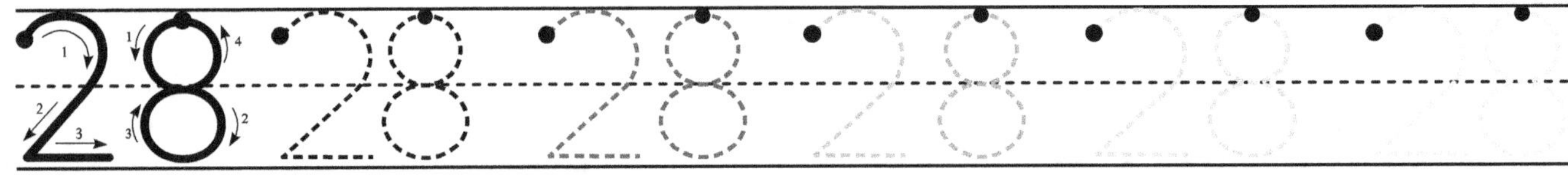

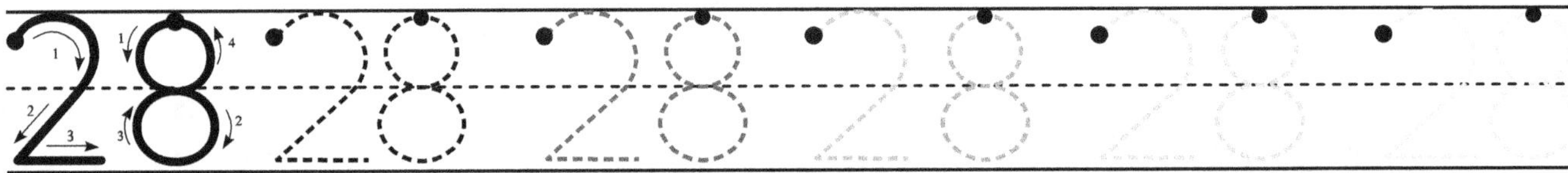

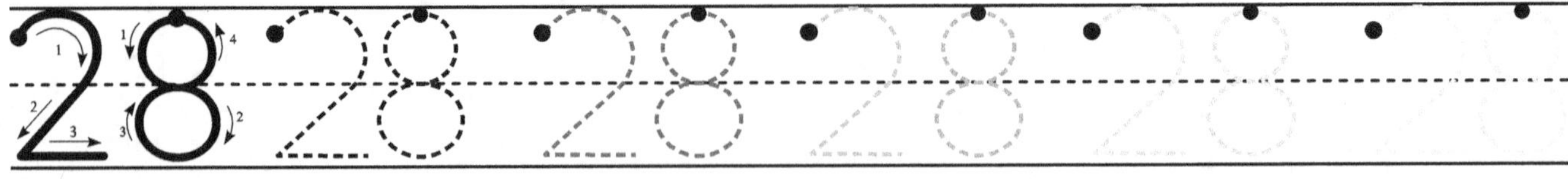

0 1 2 3 4 5 6 7 8 9 10 11 12 13 14 15 16
17 18 19 20 21 22 23 24 25 26 27 **28** 29 30

28 28 28 28 28

neunundzwanzig

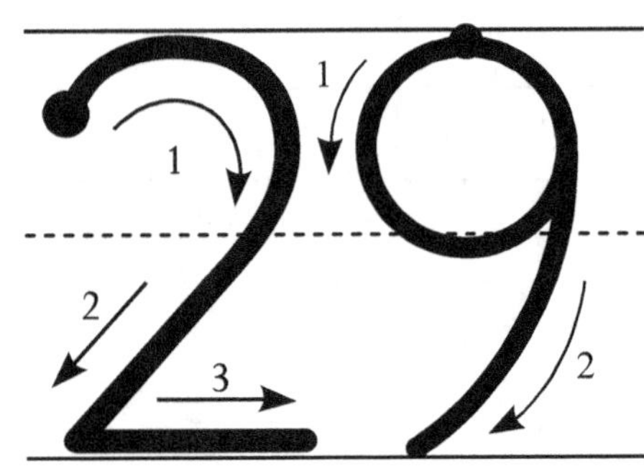

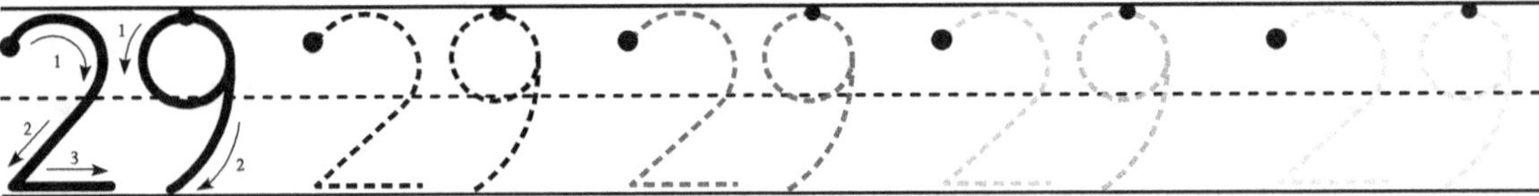

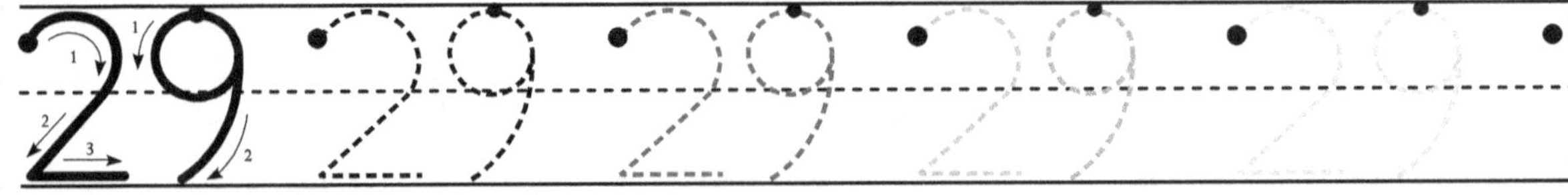

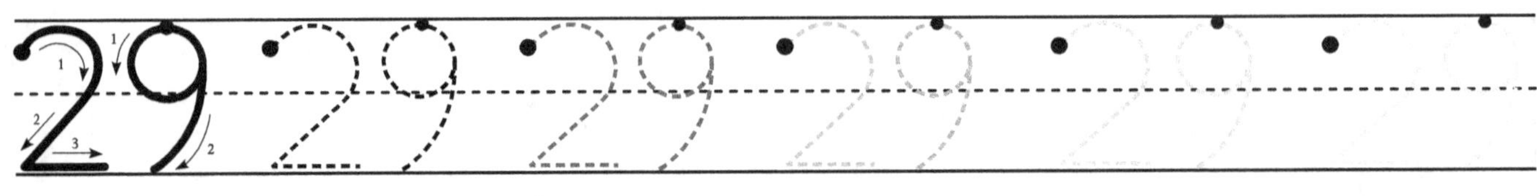

0 1 2 3 4 5 6 7 8 9 10 11 12 13 14 15 16
17 18 19 20 21 22 23 24 25 26 27 28 **29** 30

dreißig

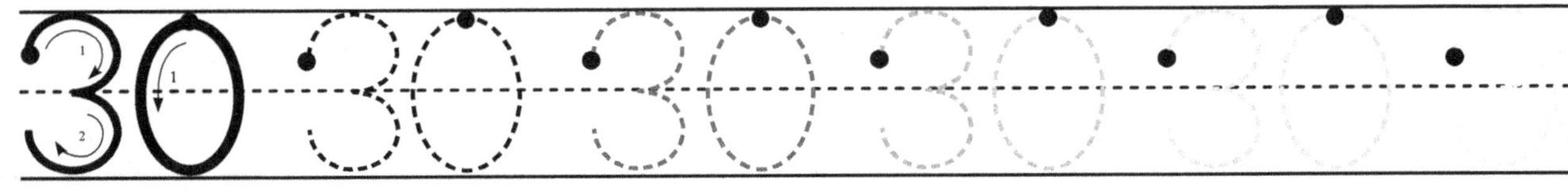

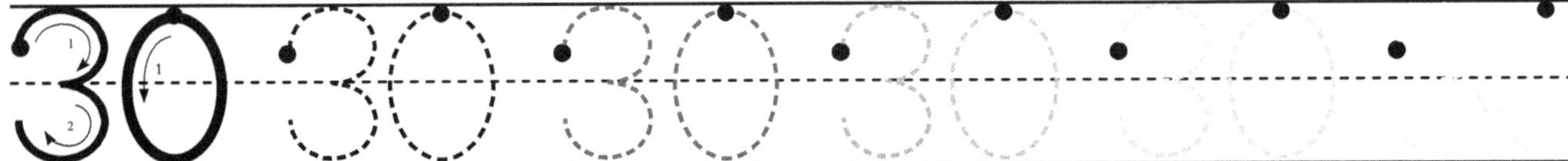

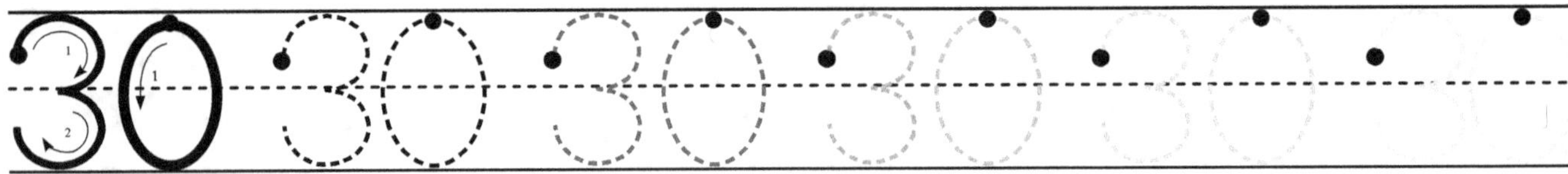

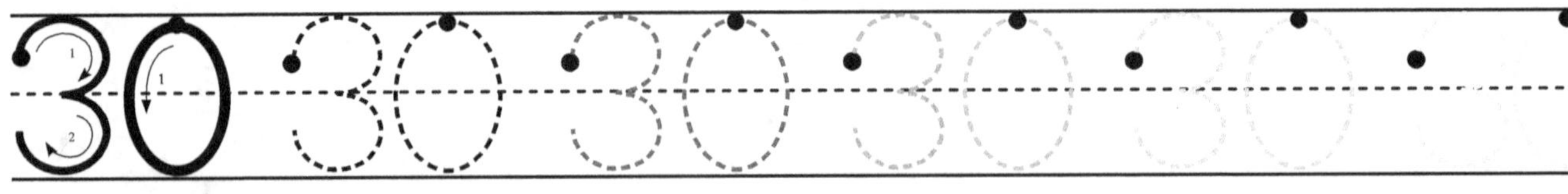

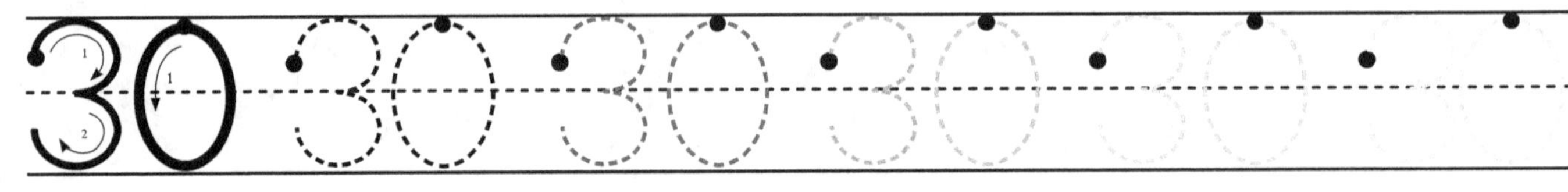

0 1 2 3 4 5 6 7 8 9 10 11 12 13 14 15 16
17 18 19 20 21 22 23 24 25 26 27 28 29 **30**

30 30 30 30 30 30 30

...ES WAR SO SCHÖN MIT DIR...

Wir würden uns sehr freuen, Dich bald wieder in einem anderen
"Schlaue Schlawiner" Übungsbuch begrüßen zu dürfen.

Außerdem wäre es fantastisch, wenn Du eine ehrliche
Produktrezension auf Amazon verfassen könntest. Es dauert nur
1-2 Minuten und bedeutet für uns als kleine Autoren sehr viel!

FRAGEN, WÜNSCHE ODER FEEDBACK?

Schreib uns eine E-Mail: baldehmarketing@gmail.com

IMPRESSUM

Ablavie und David Baldeh GbR
Richtstrecke 2
44799 Bochum
Deutschland
baldehmarketing@gmail.com

www.ingramcontent.com/pod-product-compliance
Lightning Source LLC
Chambersburg PA
CBHW080907160726
48000CB00009B/2895